AF626536

einfach erklärt

Manfred Theisen

Künstliche Intelligenz

Fake News

Unsere digitale Zukunft

Loewe

Bisher in der Reihe *Einfach erklärt* erschienen:

Social Media – Cybermobbing – Deine Daten im Web
Politik – Demokratie – Deine Rechte
Künstliche Intelligenz – Fake News – Unsere digitale Zukunft

FSC
www.fsc.org
MIX
Papier | Fördert gute Waldnutzung
FSC® C109273

Klimaneutral
Druckprodukt
ClimatePartner.com/18521-2202-1001

ISBN 978-3-7432-1016-5
1. Auflage 2023
© 2023 Loewe Verlag GmbH, Bühlstraße 4, D-95463 Bindlach
Innenillustrationen: Mo Büdinger
Umschlaggestaltung: Michael Dietrich
Printed in the EU

www.loewe-verlag.de

Inhalt

BACKE, BACKE, ALGORITHMUS-KUCHEN!

Egal ob Einparkhilfe, Navigationsgerät, Siri oder die Vorschläge bei YouTube und TikTok, überall haben sie ihre Finger im Spiel: Algorithmen. „Algorithmus" ist das Zauberwort unserer Zeit, der magische Ring, mit dem man die Welt beherrschen kann.

Was ist ein Algorithmus?

Algorithmus klingt nach Zukunft und gleichzeitig schreckt uns das Wort ab. Zu viel Mathematik in elf Buchstaben. Dabei begegnen wir im Alltag ständig Algorithmen, erkennen sie aber gar nicht. Gucken wir doch mal kurz in die Küche und zu einem leckeren Algorithmus.

Was brauchen wir für einen Kuchen? Ein Rezept! Und das könnte so lauten:

* Gib die Zutaten in eine Schüssel.
* Verrühre diese.
* Gib den Teig in eine Kuchenform.
* Heize den Ofen vor.
* Schiebe die Kuchenform in den Ofen.
* Hole den Kuchen nach 55 Minuten aus dem Ofen.

Wir müssen dieses Rezept noch verfeinern, um einen Algorithmus zu erhalten, mit dem wir arbeiten können. Denn sämtliche Anweisungen sollten eindeutig ausführbar sein. So fehlen in unserem Rezept die

Zutaten: Zucker, Mehl, Nüsse ... Und bei welcher Temperatur muss der Kuchen gebacken werden? Eines wird klar: So ein **Algorithmus** erfordert viel Fleißarbeit, damit er am Ende immer zum Ergebnis kommt – und aus ihm ein leckerer Kuchen wird.

Ein **Algorithmus** ist eine Reihe von Anweisungen, die Schritt für Schritt erledigt werden, um ein Problem sicher zu lösen. In der Regel sind Algorithmen in Sprache oder Ziffern formuliert. Die Anweisungen müssen eindeutig, ausführbar und endlich sein.

Wenn über Algorithmen gesprochen wird, wird über das Lösen von Problemen geredet. Damit ist nicht gemeint, dass sich der Computer etwas ausdenken soll, um ein Problem zu lösen. Er bekommt von Anfang an schon mitgeteilt, wie das Problem gelöst wird. Vielleicht wäre es daher sprachlich sinnvoller, von der „Erledigung" einer „Aufgabe" zu reden. Aber in der Sprache der Programmierer heißt es eben „Lösung" eines „Problems".

Ein **Piktogramm** ist ein Symbol, das Informationen durch eine einfache grafische Darstellung vermittelt.

Auch Bauanleitungen funktionieren wie Algorithmen – so etwa der Plan für einen Ikea-Schrank. Der Aufbau wird Schritt für Schritt durch **Piktogramme** erklärt. Doch sowohl bei der Bauanleitung wie auch beim Rezept wird es schwierig, wenn du die Eingabemenge zu Beginn variierst. In der Mathematik ist es einfacher, da hast du Variablen: Nehmen wir die Gleichung $x + y = z$. Für x und y kannst du 1, 2, 1.000.000 oder eine andere beliebige Zahl einsetzen. Am Ende erhältst du immer ein Ergebnis. Das wird sowohl beim Kuchenrezept als auch bei der Bauanleitung schwierig. Denn für einen Kuchen, der Millionen Tonnen Zucker enthält, wirst du kaum einen Backofen finden.

Dieses Piktogramm kennzeichnet einen Notausgang.

Welche Sprache versteht der Computer?

Der Mensch kann mit seinem Verstand Zeichen, Wörter und **Ziffern** erkennen, er kann Gerüche und Töne wahrnehmen und Dinge ertasten. Will er aber mit einem Computer kommunizieren, so muss er sich dazu auf dessen Ebene begeben und die sogenannte Maschinensprache verwenden.

Unsere arabischen **Ziffern** stammen ursprünglich aus Indien. Eigentlich müssten sie also indische Ziffern heißen.

Die kennt nur zwei Zustände:

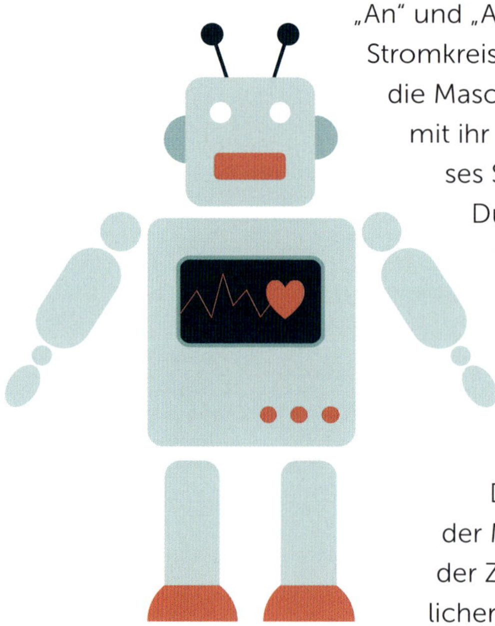

„An" und „Aus", 1 und 0 – will heißen: geschlossener Stromkreis (1) und offener Stromkreis (0). Mehr kennt die Maschine nicht. Doch das reicht aus, damit wir mit ihr in Kontakt treten können. Wir nennen dieses System aus Einsen und Nullen Binär- oder Dualsystem. Darauf aufbauend gibt es verschiedene Programmiersprachen wie JavaScript, Scratch, Python, Java oder C+. Durch diese Sprachen wird es für uns einfacher, mit einem Computer zu kommunizieren.

Die ersten Programmiersprachen waren der Maschinensprache sehr ähnlich, doch mit der Zeit wurden sie immer programmierfreundlicher und die Algorithmen immer komplizierter.

Am Ende jedoch geht alles auf das anfängliche An und Aus zurück.

Selbst wenn Roboter heute mit ihren Kameras Dinge erkennen, mit Tastsensoren wie ein Mensch tasten können und hören wie ein Luchs, so sind sie letzten Endes doch nur Maschinen, die 1 und 0 unterscheiden.

Sind Computer wie wir?

Natürlich nicht. Aber da Computer von Menschen erfunden und programmiert werden, steckt auch unser Denken in ihnen. Menschen und Tiere nutzen ebenfalls Algorithmen, um Vorgänge immer wieder erfolgreich durchzuführen.

Ein Beispiel:
Kleinkinder suchen beim Klötzchenspiel nach Mustern und wenden diese dann an, um künftig erfolgreich eckige oder runde Klötze durch passende Löcher zu schieben.

Ein Kind spielt mit Bauklötzen.

Ein bekannter Sortieralgorithmus für Computer heißt **„Quicksort"** und sieht so aus:

$$O(n \cdot \log(n))$$

Was steckt hinter diesen Zeichen? Nehmen wir an, ein Computer soll nur die eckigen gelben Bauklötze aus der Menge aller Bauklötze heraussuchen. Dazu muss er jeden einzelnen Bauklotz nacheinander auf Form und Farbe untersuchen. Ein roter Quader wäre zwar eckig, aber nicht gelb (kein Treffer), und eine gelbe Kugel zwar gelb, aber nicht eckig (kein Treffer). Ein gelber Stern wäre eckig und gelb und damit ein Treffer. Ein solcher Sortieralgorithmus dauert lang. Machen wir es noch schwieriger und gehen davon aus, dass all die Bauklötze unterschiedlich groß sind. Wie bekomme ich sie dann zusätzlich nach Größe sortiert? Hier kommt „**Quicksort**" ins Spiel: Dieser Algorithmus unterteilt die Menge in zwei Teilmengen: große Klötze und kleine Klötze. Diese Teilmengen unterteilt er wieder in Teilmengen – große Klötze, kleine Klötze. Das macht er so lange, bis die Klötze nach ihrer Größe sortiert sind, und spart so Rechenleistung und Zeit.

Was ist künstliche Intelligenz?

Sprechen wir über Algorithmen, so sprechen wir häufig auch über künstliche Intelligenz – kurz **KI**. Sie ist ein Teilgebiet der Informatik, einer Wissenschaft, die versucht, mithilfe von Rechenmaschinen (Computern) systematisch Informationen zu verarbeiten. Die KI orientiert sich dabei am menschlichen Geist und versucht, seine Entscheidungsstrukturen durch Algorithmen nachzubilden.

KI: künstliche Intelligenz

Unsere Vorstellung von KI hat sich im Laufe der Zeit geändert: So galt vor fünfzig Jahren im allgemeinen Sprachgebrauch noch ein Taschenrechner als künstliche Intelligenz, heute braucht es dafür schon etwas mehr – etwa Roboter, die für uns kochen oder am Hafen Kähne entladen. Dass ein Navigationssystem eine künstliche Intelligenz ist, merken wir schon gar nicht mehr, weil es für uns so normal geworden ist wie ein Radio.

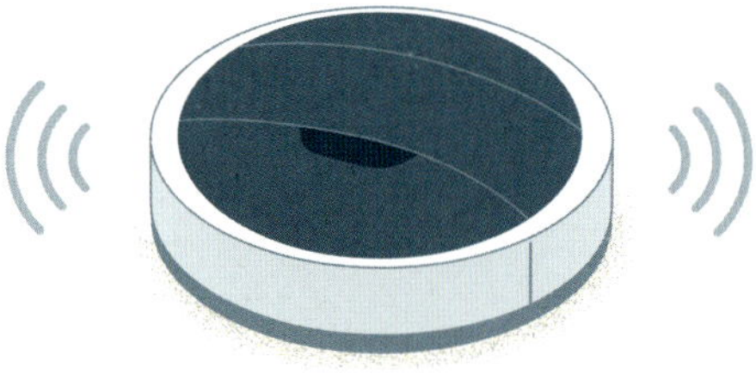

Die Definition von KI ist schwierig, weil Intelligenz selbst schwer zu definieren ist. John McCarthy versuchte es 1955 als Erster: *„Ziel der KI ist es, Maschinen zu entwickeln, die sich verhalten, als verfügten sie über Intelligenz."*

Künstliche Intelligenz heißt im Englischen *Artificial Intelligence* (AI).

Können Maschinen denken?

Schon an der Frage, was menschliches Denken ist, scheitert die Wissenschaft. Wie soll sie dann beurteilen, ob Computer denken können? Doch ab und an erstaunen uns zumindest die Maschinen: Forscher aus Darmstadt hatten einer Roboterhand einprogrammiert, nach Gegenständen zu greifen. Alles lief normal, aber plötzlich nutzte die Hand Griffe, die so nicht vorgesehen waren. Der Grund: Ein Finger der Hand war gebrochen. Da die Wissenschaftler der Hand nicht jeden einzelnen Schritt des Greifens, sondern das Greifen an sich beigebracht hatten, hatte sie selbst nach einer Lösung gesucht ... und konnte so trotz gebrochenem Finger weiter ihre Aufgabe erfüllen. Ob das schon Denken ist? Entscheide selbst.

Sicher ist: Wir nennen es KI.

KI betrifft **KOMMUNIKATION, WIRTSCHAFT, MEDIZIN, SCHULE, VERKEHR –** einfach jeden Bereich unseres Lebens.

Was ist ein Roboter?

Ein Roboter ist ein technischer Apparat. Er kann mobil sein, muss es aber nicht. Häufig dient er dazu, sich wiederholende Arbeitsschritte zu übernehmen. Wenn ein Auto montiert wird, geschieht das zum Beispiel in Roboterstraßen (Fertigungsstraßen), in denen die Maschinen Arbeitsschritte übernommen haben, die zuvor Menschen verrichtet haben. Gesteuert werden die Roboter von Computerprogrammen – von künstlicher Intelligenz.

Die **KI**

ist das **HIRN DES ROBOTERS.**

Kann es sein, dass Roboter uns irgendwann vollständig ersetzen werden?

Bislang erledigen Roboter meist Einzelaufgaben. Der Kochroboter kann nur kochen, der Staubsaugerroboter nur saugen und das selbstfahrende Auto kann zwar lenken, bremsen und hupen, aber nur ein Mensch kann kurz nach einer Autofahrt noch Lasagne zubereiten und das Wohnzimmer saugen.

Sogar ein Tesla kriegt das nicht hin. Seine KI reicht dazu nicht aus. Menschen können auch ein Gesicht erkennen und gleichzeitig ein Lied pfeifen. Sie sind flexibel, lösen Probleme ohne Programmierer und sind dabei auch noch kreativ.

Bis jetzt hat das noch keine KI geschafft! Dafür bräuchte es Computer und Roboter, die Probleme genauso gut lösen oder Aufgaben genauso gut bewältigen wie Menschen – sogenannte starke KI. Wir stecken aber noch mitten in der Phase der schwachen KI, die menschliche Intelligenz lediglich nachahmt.

Computer vs. Mensch – wer gewinnt?

1996 gipfelte der Wettstreit zwischen Mensch und Maschine in einem Schachduell. Programmierer fütterten den IBM-Computer *Deep Blue* mit Algorithmen, um ihn so schnell zu machen, dass er dem Menschen überlegen ist. Und tatsächlich gelang es dem Computer, den Schachweltmeister Garri Kasparow zu schlagen. *Deep Blue* konnte damals schon bis zu 200 Millionen Schachstellungen pro Sekunde berechnen!

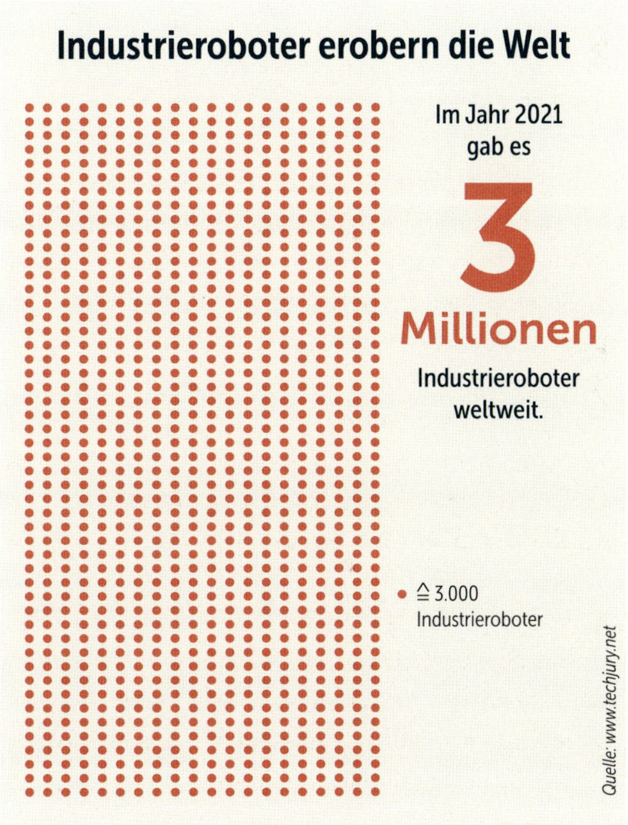

Weltweit gibt es immer mehr Roboter, die in der Industrie eingesetzt werden und selbstständig Aufgaben übernehmen können.

Wie lernen Computer?

Das selbstständige Lernen von KI ist ein wichtiger Bereich der Forschung, denn Computer sollen zunehmend kompliziertere Tätigkeiten wie beim autonomen Fahren oder bei der Wettervorhersage übernehmen.

KI kann über das Internet auf Datenbanken zugreifen und deswegen schnell lernen. Mehrere KIs können einander unterstützen. So können Teslas Daten sammeln, damit das autonome Fahren der Autos möglich wird. Sie sind geradezu rollende Datenkraken, die sofort alles nutzen, um ihre KI zu trainieren.

Doch wie soll der Mensch dem Computer jeden einzelnen Schritt beibringen? Dafür müssten Programmierer einzelne Schritt-für-Schritt-Anweisungen (Algorithmen) für so komplizierte Vorgänge wie die Gesichtserkennung, eine Übersetzung oder das Unterrichten von Fremdsprachen schreiben. Das ist unmöglich. Deshalb versucht der Mensch, dem Rechner das Lernen an sich beizubringen.

Das nennen wir maschinelles Lernen. Um zu lernen, benötigt der Computer Daten, die er mithilfe von Algorithmen auswertet. So wie Menschen Erfahrungen machen, verarbeitet der Computer seine Erfahrungen, nämlich die Daten. An diese kommt er heran, indem Menschen den Computer direkt damit füttern oder der Computer die Daten durch eine Kamera aufnimmt – also seine Umwelt betrachtet –, sie akustisch wahrnimmt – er also „zuhört" – oder seine Umgebung ertastet. Auch kann sich der Computer die Daten selbst übers Netz besorgen, genau wie du. Das klingt alles schon sehr menschlich.

Doch ein Problem bleibt: Wir müssen ihm beibringen, was und wie er lernen soll.

Wenn der Computer beim Lernen ein genaues Ziel erhält, sprechen wir von überwachtem Lernen (auf Englisch *supervised learning*). Nehmen wir an, der Computer soll lernen, Katzen auf Fotos zu erkennen. Dann werden ihm Katzenbilder gezeigt mit dem Hinweis: Das ist eine Katze! Und das ist eine Katze! Und so weiter. Schon bald wird der Computer wissen, dass es dicke und dünne Katzen gibt, Katzen mit langem Fell und Nacktkatzen. Wenn er dann einen Fisch sieht, wird er wissen: Das ist keine Katze!

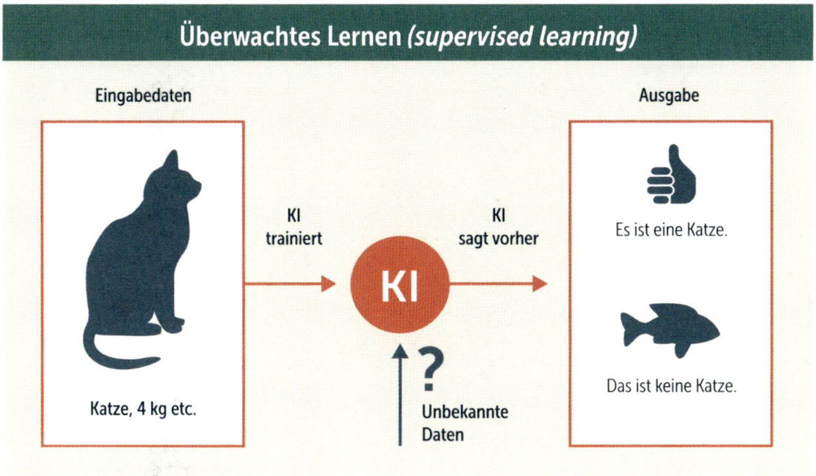

Wir können aber auch anders vorgehen und dem Computer viele Bilder unterschiedlicher Tiere zeigen. Seine Aufgabe ist es dann, Muster und Eigenschaften zu erkennen. Das nennt man unüberwachtes Lernen oder auf Englisch *unsupervised learning*. Wenn er lange genug trainiert, wird der Computer beim unüberwachten Lernen immer genauere Muster finden und erkennen und die Bilder in unterschiedliche Kategorien einteilen können.

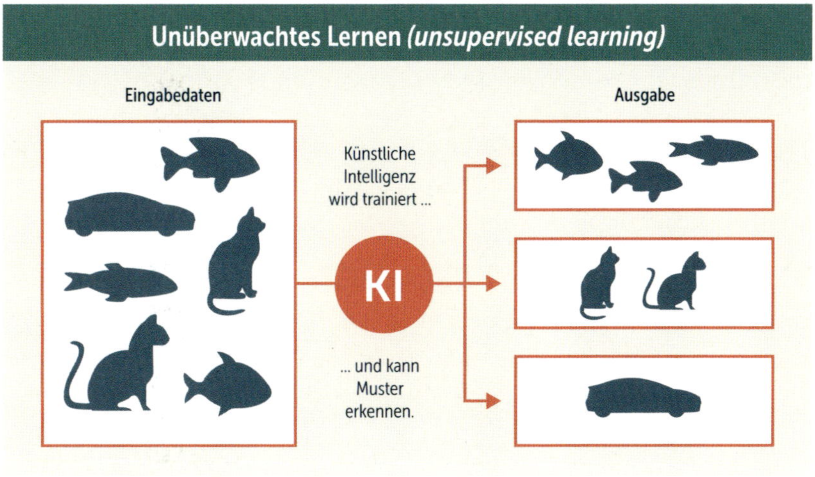

Müssen wir Computer belohnen?

Das kennst du bestimmt: Eine wichtige Arbeit steht an und du hast überhaupt keine Lust, dafür zu lernen. Wenn du aber eine Belohnung dafür bekommst, geht das Lernen schon viel leichter. Ist das bei Computern auch so? Irgendwie schon.

Wir nennen das verstärkendes Lernen (oder auf Englisch *reinforcement learning*). Dabei wird der Lernalgorithmus über Rückmeldungen trainiert: Immer wenn er etwas erfolgreich erkennt oder erfolgreich handelt, bekommt er eine positive Rückmeldung, bei Fehlern eine negative. Ziel des Algorithmus ist es, möglichst viel positives Feedback zu erhalten.

Schaffst du es, den Ball in den Becher zu bringen?

Vielleicht kennst du das Spiel, bei dem man einen Ball, der an einem Becher befestigt ist, in den Becher hineinbefördern muss. Das ist gar nicht so einfach! Doch ein Roboterarm beherrscht es nach einigen Stunden perfekt. Wie macht er das?

Die Augen der Roboter sind Kameras, die Ohren Mikrofone, und manche haben sogar Tastsensoren!

Erst einmal hilft ein Mensch dem Roboter dabei, den Ball mit dem Becher zu fangen, indem er die Roboterhand führt. Von nun an übt der Roboter alleine und imitiert, was der Mensch ihm gezeigt hat. Das Kameraauge beobachtet dabei den Ball und berechnet die Geschwindigkeit der Robotergelenke. Es berücksichtigt auch kleine Veränderungen, wie etwa einen leichten Wind, der die Flugbahn des Balls verändern könnte.

Der Roboter lernt durch jeden Fehler – so wie wir!

Was ist Deep Learning?

Die höchste Kunst des maschinellen Lernens ist das *deep learning* (auf Deutsch: „tiefgehendes Lernen"), denn dabei wird das menschliche Hirn mit seinen Nervenzellen (Neuronen) und Synapsen nachgebildet. Die so entstandenen neuronalen Netze umfassen mehrere Schichten, die nicht nur ein Muster erkennen können, sondern auch Muster von Mustern von Mustern. *Deep Learning* wird in der Bild-, Objekt- und Spracherkennung eingesetzt.

Der wohl genaueste Übersetzer der Welt kommt aus Deutschland!

DeepL hat seinen Sitz in Köln.

Er heißt DeepL und ist ein Onlineübersetzungsdienst, der maschinelle Übersetzungen anbietet. Bei DeepL werden Texte also nicht von Menschen, sondern von Computern übersetzt – und das mithilfe von neuronalen Netzen in Sekundenschnelle. Schon vor dem offiziellen Onlinestart 2017 setzten die Forscher auf das Training ihrer neuronalen Netze. Dafür nutzt der Algorithmus frei verfügbare Übersetzungen aus dem Internet, die mittels **Webcrawlern** gefunden wurden. Seit 2021 ist der DeepL-Übersetzer in 23 Sprachen verfügbar.

Webcrawler sind Computerprogramme, die automatisch das Internet durchforsten und Webseiten analysieren und ordnen. Sie werden beispielsweise von Suchmaschinen eingesetzt, die mit ihnen nach Seiten forschen, auf denen unsere Fragen beantwortet werden.

Was ist das Binärsystem?

Du hast bestimmt schon einmal gesehen, dass die Zahlen der alten Römer wie unsere Buchstaben ausgesehen haben. Und auch heute gibt es noch verschiedene Möglichkeiten, wie Zahlen dargestellt werden können.

In der Schule lernen wir das Dezimalsystem, in dem man die Ziffern von 0 bis 9 verwendet, und rechnen Aufgaben wie 1 + 1 = 2 oder 7.987.917 : 79.298 = 100,732894 bald schon schnell und problemlos im Kopf.

Ein Computer kann das aber erst einmal nicht verstehen. Er hat keine zehn Finger und kennt nur die beiden Stromkreiszustände „An" und „Aus", also 0 und 1.

Das heißt: Bei 0 ist der Stromkreis offen und es fließt kein Strom. Bei 1 ist der Stromkreis geschlossen und es fließt Strom. Wenn wir mit einem Computer „reden" wollen, müssen wir das also über Einsen und **Nullen** tun. Dieses System nennt sich **Binärsystem**. Eine Zahl im Binärsystem kann zum Beispiel so aussehen: 101001.

Manchmal wird das **Binärsystem** auch Dualsystem genannt. Binär kommt von dem lateinischen Wort *binarius*, was so viel heißt wie „zweifach". Dual kommt ebenfalls aus dem Lateinischen und bedeutet „zwei enthaltend" *(dualis)*.

Mohammed Al-Khwarizmi war ein wahres Supergenie. Er lebte im 9. Jahrhundert im „Haus der Weisheit", einer berühmten Akademie in Bagdad, und gilt als einer der bedeutendsten Mathematiker der Geschichte. Er war nicht nur Namensgeber für Algebra und Algorithmen, sondern beschäftigte sich auch intensiv mit der Null. Im Arabischen heißt sie *assifr*, was so viel wie „die Leere" bedeutet. Da passiert also nichts. Und genauso ist es beim Computer: Wenn in ihm ein Schaltkreis nicht geschlossen ist, fließt kein Strom – also 0 („die Leere").

Wie rechnet man vom Dezimalsystem ins Binärsystem um – und umgekehrt?

Das Binärsystem ist eine von vielen Möglichkeiten, wie man Zahlen darstellen kann. Wichtig ist, dass in diesem System die Zahlen von rechts nach links gelesen werden (nicht wie im Dezimalsystem von links nach rechts!) Alle Zahlen, die du kennst, können auch im Binärsystem dargestellt werden.

Aber wie geht das? Die Antwort ist: Indem wir eine Dezimalzahl so lange durch 2 teilen, bis die Lösung 0 ist. **Nehmen wir zum Beispiel die 41.** Dann schreibst du die Restzahlen von unten nach oben auf und kommst auf **101001**.

41 : 2 = 20 Rest 1
20 : 2 = 10 Rest 0
10 : 2 = 5 Rest 0
5 : 2 = 2 Rest 1
2 : 2 = 1 Rest 0
1 : 2 = 0 Rest 1

Manchmal sind diese Zahlenreihen aus Einsen und Nullen sehr lang. Das kann schnell unübersichtlich werden. Deshalb greift man in solchen Fällen zu hochgestellten Zahlen (Potenzen), aber um das zu erklären, müsste dieses Buch viel dicker sein.

Und wie kommt man von der Zahl im Binärsystem zurück zu der im Dezimalsystem? Dabei kann eine Tabelle hilfreich sein. Die gibt quasi an, an welcher Stelle eine Ziffer steht. Die erste Ziffer (von rechts gelesen!) steht für eine 1, die zweite für eine 2, die dritte für eine 4, die vierte für eine 8, die fünfte für eine 16, die sechste für eine 32. Pro Stelle verdoppelt sich also der Wert. **In unserem Beispiel nehmen wir wieder die 101001.**

32	16	8	4	2	1
1	0	1	0	0	1

Dann werden all diese Werte zusammengezählt und es entsteht eine Zahl im Dezimalsystem. Aber aufgepasst, denn die Plätze, an denen eine 0 steht, werden nicht mitgezählt. Die Rechnung sieht also so aus: **$1 \cdot 1 + 1 \cdot 8 + 1 \cdot 32 = 41$**.

Das Internet der Dinge wächst und wächst ...

Immer mehr Gegenstände tragen Mikrochips in sich und werden von Algorithmen gesteuert. Egal ob Kühlschrank oder Staubsauger, sie alle sind „intelligent" und häufig schon miteinander verbunden.

KÜHLSCHRANK

Um herauszufinden, was du noch im Kühlschrank hast, musst du ihn bald nicht mehr öffnen. Der Kühlschrank erkennt die Lebensmittel und leitet das an dein Handy weiter. Er kann dir auch passende Rezepte für den Kühlschrankinhalt anbieten und achtet dabei sogar auf das Haltbarkeitsdatum der Lebensmittel.

AUTO

Bevor du in den Wagen steigst, kannst du bereits per App deine Wohlfühltemperatur einstellen. Weitere Einstellungen musst du nicht mehr über den Bildschirm vornehmen – das funktioniert in Zukunft mit Gesten und über Blickkontakt!

SPRACHASSISTENTEN

Mithilfe von Sprachassistenten wie Alexa oder dem Google Assistant kannst du per Stimme Rollläden, Heizung oder das Licht steuern, einkaufen und Musik auswählen. All diese Geräte im Haushalt sind miteinander verbunden, so wird die Wohnung oder das Haus zu einem digitalen System.

SMART FARMING

Sogar in der Landwirtschaft ist die Digitalisierung längst angekommen. Roboter werden zum Unkrautjäten eingesetzt, Melkmaschinen untersuchen Milch auf Keime, und Futterausgabe und Agrar-Drohnen werden via Handy gesteuert.

SPIELZEUGE

Smarte Spielzeuge sind oft mit dem Internet verbunden, können dir Fragen beantworten oder agieren eigenständig wie kleine Roboter.

HEIZUNGSTHERMOSTATE

Smarte Thermostate können dabei helfen, Energie zu sparen, denn sie können die Temperatur in einem Raum automatisch regeln.

AUTOMATISCHE ÜBERSETZUNGSTOOLS

Der Onlineübersetzungsdienst DeepL nutzt für seine Übersetzungen künstliche Intelligenz. Dadurch ist kaum noch zu erkennen, ob ein Text von einem Menschen oder von DeepL übersetzt wurde.

WASCHMASCHINE

Die smarte Waschmaschine spart nicht nur Energie und Waschmittel, du kannst sie auch von unterwegs via App einschalten und kontrollieren.

STAUBSAUGERROBOTER

Saugroboter erkennen ihre Umgebung mithilfe von Sensoren, umschiffen dadurch Hindernisse und halten sogar vor Treppen an. Manche Roboter haben zusätzlich auch noch eine Wischfunktion.

GEFANGEN IN DER FILTERBLASE

„Ich kann frei entscheiden, was ich tue", sagt Emily. Ihr Bruder Lio sieht das anders: „Google, Amazon, Netflix, YouTube, TikTok und Co. manipulieren dich, indem sie dir Videos und Produkte vorschlagen." Emily schüttelt den Kopf: „Quatsch, am Ende bestimme immer noch ich, was ich kaufe."

Was ist ein Empfehlungsalgorithmus?

Jeder Algorithmus, den du dauerhaft mit deinen Daten fütterst, weiß, was du willst. So bietet dir der Amazon-Algorithmus Produkte an, die dir gefallen könnten, bei TikTok geht es um Videos auf der „Für dich"-Seite, bei Google um Suchergebnisse und auf Instagram stellt dir der Algorithmus Fotos und Stories in deinen **Feed**.

Feed bedeutet „Einspeisung". Damit sind die Inhalte gemeint, die du auf der „Für dich"-Seite bei TikTok und auf deiner Seite bei Instagram oder Facebook siehst.

Aber woher wissen Algorithmen, was dir gefallen könnte? Indem sie dich nach deinen Vorlieben fragen und sich merken, welche Angebote du kaufst und ob du ein Video mit einem Herzchen oder Daumenhoch bewertest. Je besser der Algorithmus dich kennt, desto genauer sind seine Empfehlungen. Ein wenig wie bei einem sehr guten Freund. Aber Achtung, denn der **Empfehlungsalgorithmus** gehört in die Kategorie „falsche Freunde". Denn am Ende zählt für Social-Media-Plattformen oder Messenger nur dein Geld oder deine Daten, die sie zu Geld machen können. Deshalb drängen sie dich entweder direkt zum Einkauf auf ihrer Plattform, zu In-App-Käufen oder greifen deine Daten ab.

Algorithmen, die etwas empfehlen und im Feed Videos und Bilder anzeigen, nennen wir **Empfehlungsalgorithmen**. Oft tragen sie den Namen der jeweiligen Plattform, zum Beispiel TikTok- oder Amazon-Algorithmus.

Brauchen wir Filter?

In einem Kaufhaus gibt es mehrere Etagen, auf denen man zum Beispiel Kleidung, Spielzeug oder Elektrowaren findet. Auf jeder Etage gibt es Flächen und Regale, in denen die Waren nach Kategorien sortiert und präsentiert werden. Doch obwohl so ein Kaufhaus ganz schön groß ist, ist der Platz begrenzt. Jetzt stell dir vor, es gäbe ein Kaufhaus, das unendlich viele Etagen, Flächen und Regale besäße, in denen nahezu alle Waren der Welt zu finden sind. Vermutlich wäre dein ganzes Leben zu kurz, um aus all den Produkten etwas **herauszufiltern**, das dir gefällt. Dieses Problem haben auch Onlinehändler und Plattformen wie TikTok oder YouTube.

Filter sortieren für dich unwichtige Informationen, Fotos oder Videos aus.

Deshalb nutzen sie einen Empfehlungsalgorithmus, der die Vorlieben der Nutzer kennt oder weiß, welches Produkt mit welchem zusammen gekauft wurde. Häufig basiert ein solcher Algorithmus auf dem Prinzip des maschinellen Lernens. Wenn er dir etwas empfiehlt, weiß er, dass ein Produkt oft mit einem bestimmten anderen Produkt zusammen gekauft wird. Oder dass du dir immer Schuhe von einer bestimmten Marke kaufst. Deshalb schlägt der Algorithmus dir Werbung oder andere Schuhe von dieser Marke vor.

Ein Empfehlungsalgorithmus sperrt dich quasi in deiner eigenen Welt ein, weil er dir ständig Sachen empfiehlt, die kaum von deinem Geschmack abweichen – obwohl du vielleicht gern mal etwas ganz Neues ausprobieren würdest. Wie stark der Algorithmus filtert, kannst du erkennen, wenn deine Freundin oder dein Freund eine Zeit lang auf deinem Handy und mit deinem Account Instagram oder andere Plattformen nutzt. Wenn du danach selbst wieder auf den Plattformen unterwegs bist, merkst du, wie sich der Feed verändert hat.

Weitere Beispiele für Empfehlungsalgorithmen sind der Spotify-Algorithmus, der dir Playlists nach deinem Geschmack zusammenstellt, oder der Netflix-Algorithmus, der Filme und Serien vorschlägt.

Was kann ein Empfehlungsalgorithmus?

Die „Arbeitsweise" von Algorithmen in Onlineshops hat sich im Lauf der Zeit verändert. Früher basierten ihre Empfehlungen häufig darauf, was andere Menschen gekauft haben, die ähnlich denken wie du. Aber seit Ende der 1990er-Jahre werden eher die Produkte als die Käufer miteinander verglichen: Wenn der Algorithmus erkennt, dass Produkt A sehr häufig gemeinsam mit Produkt B gekauft wird, dann bietet er dir beim Kauf von A auch B an. Das hat den Vorteil, dass der Algorithmus weniger Daten vergleichen muss, was bei der großen Menge an Onlinekunden heute kaum noch möglich wäre.

Erfinder dieses neuen Ansatzes ist Greg Linden, der ab 1997 bei Amazon arbeitete.

Den Amazon-Algorithmus haben sich sogar schon deutsche Sicherheitsbeamte zunutze gemacht! Als sie im November 2017 herausfinden wollten, welche Komponenten ein Attentäter bei Amazon gekauft hatte, um eine Bombe zu bauen, legten sie Wasserstoffperoxid – einen Bestandteil von Sprengstoff – in den Warenkorb. Sofort schlug ihnen der Amazon-Algorithmus die übrigen Bauteile für die Bombe vor. Seitdem die Beamten Amazon darüber informiert hatten, schlägt der Algorithmus heute nicht mehr jedem Bastler sämtliche Komponenten zum Bombenbau vor, wenn er Wasserstoffperoxid in seinen Warenkorb legt.

Empfehlungsalgorithmen haben viel Macht über die Kunden von Onlineplattformen.

Jedes dritte Produkt wird aufgrund einer Empfehlung gekauft!

Wenn dir online ein Produkt vorgeschlagen wird, ist das fast so, als ob dir dein Freund oder deine Freundin ständig mit Sätzen wie „Kennst du schon meine neue Lieblingsklamottenmarke?" oder

„Hol dir doch die neue Playstation!" in den Ohren liegt. Und wenn du dir dann die Playstation geholt hast, rät er oder sie dir als Nächstes zur neuen Xbox. Während du bei einer Spielekonsole erst einmal gründlich nachdenkst, ehe du das Geld dafür ausgibst, geht das bei Produkten wie T-Shirts, Chips, Nagellack oder Schlüsselanhängern deutlich schneller. Das solltest du immer im Hinterkopf haben, wenn du mal wieder bei **Amazon** und Co. unterwegs bist.

Der Onlineversandhandel **Amazon** wurde 1994 von Jeff Bezos gegründet. Er bietet die weltweit größte Produktpalette an und hat seinen Hauptsitz in Seattle (USA). Zu den von Amazon entwickelten Produkten gehören unter anderem der E-Book-Reader *Amazon Kindle*, der Tabletcomputer *Amazon Fire*, der HDMI-Stick *Fire TV Stick* und das Spracherkennungssystem *Echo*.

> Ich saß schon immer an der Schnittstelle zwischen Computern und den Dingen, die sie revolutionieren können.
>
> *Jeff Bezos*

Wer vorschnell online einkauft, muss die gekauften Dinge häufig wieder umtauschen. Weil man eigentlich nicht genug Geld hat. Weil die Farbe der Schuhe nicht so aussieht, wie man sie sich vorgestellt hat. Weil das Ladekabel doch nicht zum Handy passt. Oder einfach weil man es sich anders überlegt hat. Die Schwelle, etwas online zu kaufen, ist viel niedriger als im Geschäft. Der Unterschied zum Umtausch im stationären Handel ist aber, dass der Gegenstand nicht einfach zurück ins Regal gestellt werden kann, sondern dass er zurückgeschickt werden muss. Es wird geschätzt, dass allein in Deutschland im Jahr 2021 530 Millionen Pakete retourniert wurden! Dadurch entstehen nicht nur enorme Kosten, sondern vor allem auch ein hoher CO_2-Ausstoß: Bis zu 795.000 Tonnen CO_2 gingen 2021 in Deutschland auf die Retouren zurück – das ist etwa so viel, wie 6,6 Millionen Autos auf der Fahrt von München nach Hamburg ausstoßen!

Für welche Zwecke können Algorithmen noch genutzt werden?

Der Niederländer Edsger W. Dijkstra hatte 1959 die geniale Idee, den kürzesten Weg zwischen zwei Punkten mittels eines Graphen zu berechnen. Wie so ein Graph aussieht? Wie ein U-Bahn-Plan! Dort sind die einzelnen Bahnlinien als farbige Striche eingezeichnet und die Stationen als kleine Kreise. Wo Stationen verschiedener Linien aufeinandertreffen, gibt es Knotenpunkte, an denen die Passagiere umsteigen können. Der Algorithmus eines Navigationssystems arbeitet auch mit einem solchen Plan, der gar nicht mehr aussieht wie eine Straße.

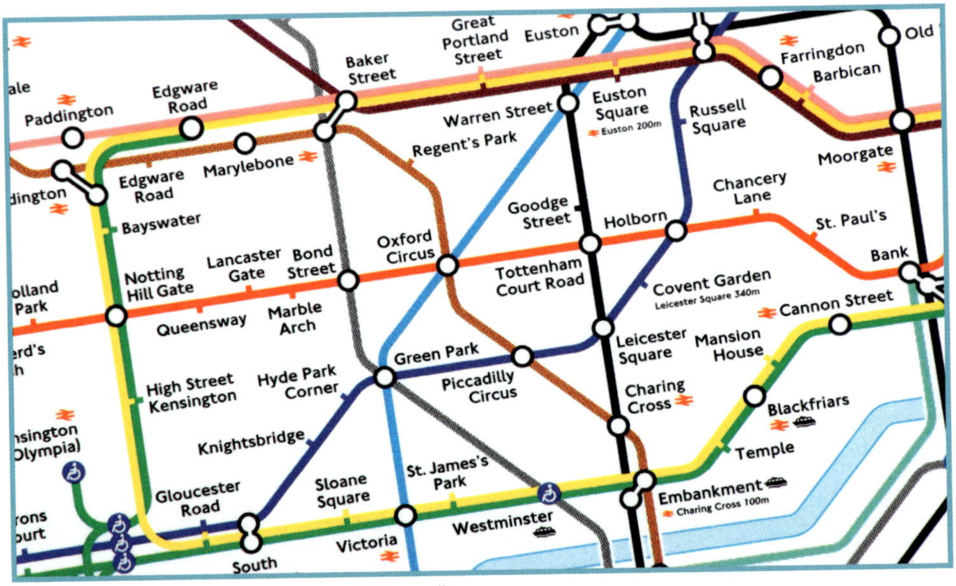

Streckennetzpläne werden überall auf der Welt gleich dargestellt.

Wenn du in deinem Navi eingibst, dass du von Punkt A nach B gelangen möchtest, sucht der Algorithmus immer nach dem nächstmöglichen Knotenpunkt – so lange, bis er am Ziel angelangt ist. Dabei erhält er über Datenbanken Zusatzinformationen zu Staus und Gefahrenstellen. Und du kannst ihm vorgeben, ob du zum Beispiel Autobahnen bevorzugst oder Mautstrecken vermeiden möchtest.

Andere Algorithmen bewerten dich nach Punkten (**Scoring-Algorithmen**, zu Deutsch: „Punkte-Algorithmen"). Banken verwenden solche Algorithmen, um zu überprüfen, ob sie dir einen Kredit gewähren. Um zum Beispiel herauszufinden, ob du deine Schulden zurückzahlen wirst, checkt der Algorithmus etwa Informationen wie dein Gehalt. Oder ob du bislang deine Kredite pünktlich zurückgezahlt hast. Wie deine Schulbildung ist. Oder wie alt du bist.

Score ist das englische Wort für „punkten".

Für all diese Faktoren erhältst du Punkte. Am Ende wirst du anhand dieser Punkte als kreditwürdig oder kreditunwürdig eingestuft. Manche Daten beschafft sich der Algorithmus auch über Umwege. Wenn er wissen will, wie viel Geld du hast, könnte er auch deine Adresse zur Hilfe nehmen. Schließlich wohnen im Villenviertel häufiger reiche Menschen als im Hochhaus. **Du merkst:** Algorithmen können auf vielen verschiedenen Wegen an Infos über dich herankommen.

Scoring-Algorithmen schätzen dich ein. Manchmal treffen sie schon eine Vorauswahl, wenn du dich auf eine Stelle bewirbst oder eine Wohnung mieten möchtest.

Einige Algorithmen können sogar dein Gesicht erkennen. Dafür scannt eine Kamera dein Gesicht und überprüft bestimmte Punkte, die festgelegt wurden, um Gesichter voneinander unterscheiden zu können. Zum Beispiel wird gemessen, wie weit deine Augen voneinander entfernt sind oder deine Oberlippe von deiner Nase. Beim Handy funktioniert das sehr gut, denn da guckst du genau in die Kamera. Bei Kameras an öffentlichen Plätzen ist es schwieriger. Um immer besser zu werden, üben Algorithmen mit Millionen Gesichtern und nutzen dabei maschinelles Lernen.

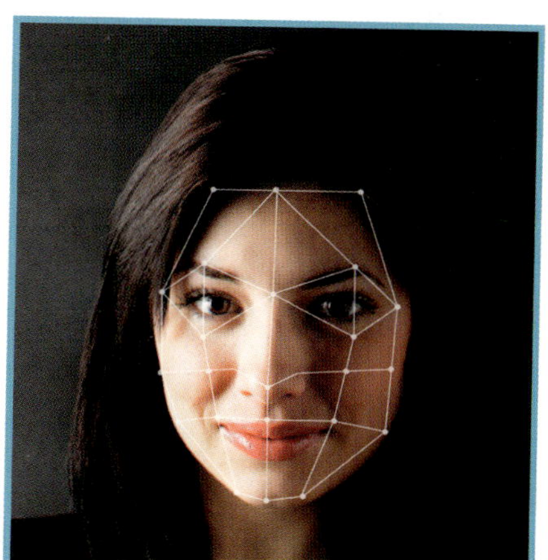

Bei der automatischen Gesichtserkennung werden mehr als zwanzig festgelegte Punkte berücksichtigt.

Was ist eine Filterblase?

Wenn du im Netz oder in den sozialen Medien den Eindruck hast, dass sich jeder genau für die Dinge interessiert, für die du dich interessierst, und alle die Dinge gut finden, die du gut findest, dann bist du vermutlich in einer **Filterblase** gefangen.

Auf Englisch heißt die **Filterblase** *„filter bubble"*.

Für gewöhnlich ist das ein gutes Gefühl, schließlich wirst du so ständig in deiner Meinung unterstützt. Solange es „nur" um Dinge wie Einkaufen, Zocken oder Musikvideos geht, kann das zwar dazu führen, dass du dich nur noch in deiner Beauty-, Bastler-, Video- oder Spieleblase bewegst, aber für die Demokratie ist das meist nicht weiter problematisch.

Schwieriger wird es bei Inhalten, die unser politisches Verhalten und unsere sozialen Einstellungen beeinflussen. So likst du womöglich Aussagen der Partei A, liest, was ihre Anhänger denken, und folgst vielleicht sogar ihrem Spitzenpolitiker. Prompt werden dir mehr Videos von Politikern und Anhängern der Partei A empfohlen. Und irgendwann filtert der Algorithmus die Meinungen anderer Parteien weg.

Das sollte in einer Demokratie nicht passieren, denn du sollst dir frei eine Meinung bilden und dabei auf verschiedene Quellen zurückgreifen können.

Der Begriff „Filterblase" stammt von dem US-Amerikaner Eli Pariser. Er hat dieses Phänomen 2011 erstmals beschrieben und davor gewarnt, dass viele Menschen durch die Filterblasen nur noch ihre eigene Welt gespiegelt bekämen und daher nicht mehr offen für die Gedanken anderer seien. Deshalb bestände durch Filterblasen die Gefahr, dass sich einzelne Mitglieder der Gesellschaft zunehmend radikalisieren.

Was ist die Echokammer?

Häufig wird im Zusammenhang mit der Filterblase auch das Wort „Echokammer" benutzt. In einer Echokammer befinden wir uns dann, wenn wir uns aktiv dafür entscheiden, uns nur noch mit Menschen anzufreunden, die uns ähnlich sind und die ähnlich denken wie wir. Sie liken dann das, was du likst, finden deine Beiträge toll und du magst ihre Beiträge. Das Problem daran ist, dass du am Ende nur noch Freunde hast, die ähnlich denken wie du. Und dann hast du das gleiche Problem wie bei der Filterblase: Du schmorst im eigenen Saft.

Angebratenes Fleisch kann bei niedriger Temperatur für längere Zeit im geschlossenen Topf geschmort werden. Dabei wird nur wenig Flüssigkeit hinzugegeben und der Braten schmort im eigenen Saft. Dieses Bild wird auf menschliches Verhalten übertragen. Mit der alten deutschen Redewendung ist also gemeint, dass sich einige Menschen neuen Eindrücken verschließen und nichts Neues von außen aufnehmen.

In der Filterblase gefangen.

Warum ist Google so erfolgreich?

Google ist die meistgenutzte Suchmaschine weltweit. Ausschlaggebend für diesen Erfolg ist vermutlich der Google-Kosmos insgesamt, der seit 1997 entstanden ist. Neben der Suchmaschine gehören der Kartendienst Google Maps, YouTube und das Betriebssystem Android zum Mutterkonzern Alphabet.

Viele Menschen nutzen zum Recherchieren im Internet die Suchmaschine Google.

Und bald werden wir vielleicht sogar in einem Google-Car umherfahren und Google-Watches tragen. Der Google-Kosmos umgibt seine User wie eine digitale Haut. Und jeder einzelne Bestandteil der Google-Welt sammelt Daten über seine Nutzer. Weil Google uns so gut kennt, kann es auch so gut angepasste Ergebnisse für jeden Einzelnen bieten. **Kurz gesagt:** Wer sich auf die Google-Welt einlässt, der lebt in einer perfekten Filterblase und kann sogar über Google einkaufen und seine Termine planen. Wie groß der Einfluss von Google geworden ist und wie sehr wir in der Produktwelt von Google leben, wird auch dadurch deutlich, dass wir bei Suchanfragen im Netz stets vom „Googeln“ sprechen.

Deonyme sind Wörter, die von Markennamen abgeleitet wurden und die jetzt auch für andere Produkte oder eine Handlung verwendet werden. So sprechen wir häufig von Zewa, wenn wir eine Küchenrolle meinen, beim Schokoaufstrich reden viele von Nutella, beim Taschentuch vom Tempo und wenn es um Klebeband geht, hört man oft die Wörter Tesa oder Tesafilm.

Wie sieht eine Google-Filterblase aus?

Nehmen wir an, du interessierst dich für das Computerspiel *World of Tanks* („Welt der Panzer") oder hast schon mal recherchiert, welche Panzer im Krieg eine Rolle spielen. Dann hast du sicherlich herausgefunden, dass einige der gepanzerten Fahrzeuge nach Raubtieren benannt sind, etwa Panther, Leopard, Gepard oder Marder. Dein Lehrer in der Schule möchte jedoch, dass du dich für die nächste Deutschstunde auf das Gedicht *Der Panther* von Rainer Maria Rilke vorbereitest.

Daheim angekommen, kannst du dich nur noch an das Wort „Panther" erinnern und googelst es. Google wird dir neben dem Wikipedia-Eintrag zur Raubkatze Panther und Treffern zum Panther-Panzer nur weit unten in den Suchergebnissen das Gedicht *Der Panther* anzeigen – wenn überhaupt. Dein Lehrer, der gerne Gedichte liest und wahrscheinlich häufiger als du Suchanfragen zum Gedicht *Der Panther* oder anderen lyrischen Werken stellt, wird Suchergebnisse zum Gedicht vermutlich schon viel weiter oben sehen.

Wie kannst du es vermeiden, dass deine Suchergebnisse so stark gefiltert werden? Indem du einfach eine neutrale Suchmaschine wie DuckDuckGo benutzt. Diese merkt sich – im Gegensatz zu Google – deine Vorlieben nicht und liefert dir daher ungefilterte Ergebnisse. So erhältst du wahrscheinlich ähnliche Treffer wie dein Lehrer. Den Panzer Panther wird dir DuckDuckGo erst viel später anzeigen, dafür aber eher das Gedicht *Der Panther*.

Was du wissen musst: DuckDuckGo ist wie Google eine Firma, die mit US-Servern arbeitet. Die amerikanische Regierung könnte daher deine Daten abgreifen.

EIN TIPP: Nutze bei der Vorbereitung auf eine Arbeit oder ein Referat eine Suchmaschine, die deine Daten nicht speichert.

Raus aus der Filterblase!

Hier kommen ein paar Tipps, mit denen du die Filterblase platzen lassen und sicher surfen kannst.

Wichtig: Lass deine Wohlfühlzone hinter dir und lass dir nicht von der Filterblase vorgaukeln, dass die Welt genauso denkt wie du. Denn das tut sie nicht. Sei bereit, dich neu inspirieren zu lassen, und bleib offen!

WECHSEL DIE SUCHMASCHINE

Es muss nicht immer Google sein! Auch andere Suchmaschinen wie Ecosia oder DuckDuckGo haben ihre Vorteile.

NUTZE DEN INKOGNITO-MODUS

Jeder Browser hat einen Inkognito-Modus. Damit kannst du die Filterblase zumindest teilweise austricksen, denn bestimmte Daten werden nicht gespeichert und deine digitalen Spuren somit verwischt. Um den Modus zu aktivieren, musst du in den Einstellungen des Browsers den „Inkognito-Modus", „Privates Surfen" oder Ähnliches einstellen.

BESUCHE EINE BUCHHANDLUNG/BIBLIOTHEK

Hole dir nicht alle Informationen aus dem Netz, sondern gehe einfach mal in eine Buchhandlung oder eine Bibliothek und schau in ein Buch. Dafür spricht auch, dass wir längere Texte ohnehin besser aufnehmen können, wenn wir sie nicht auf einem Bildschirm lesen.

VERWENDE EINEN VPN-CLIENT

Um anonym zu surfen, kannst du ein VPN (virtuelles privates Netzwerk) nutzen. Das funktioniert wie eine Art Tunnel, in dem deine IP-Adresse verborgen bleibt. So kannst du in ungesicherten Netzwerken wie kostenlosen öffentlichen Wi-Fi-Hotspots verschlüsselt surfen.

INFORMIERE DICH GRÜNDLICH!

Wir neigen dazu, online von Überschrift zu Überschrift zu springen. Um Dinge wirklich zu verstehen, musst du einen Artikel aufmerksam und gründlich lesen. Wenn du merkst, dass ein Autor tiefer bohrt, dann folge ihm – und lies weiter.

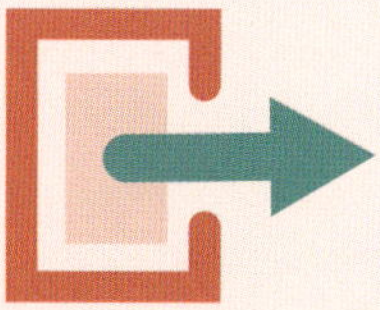

LOGGE DICH MAL AUS!

Du musst nicht immer online sein. Aktuelle Nachrichten findest du auch in der Zeitung. Oder du fragst deine Eltern oder eine Bibliothekarin oder einen Bibliothekar. Dabei entstehen oft auch weiterführende Gespräche.

UNTERBINDE TRACKING

Beim Betreten einer Website wirst du gefragt, welche Cookies du akzeptieren möchtest. Lehne so viele wie möglich ab.

GIBT ES WIRKLICH CYBORGS?

„Unser Nachbar ist ein Cyborg." Emily ist erstaunt. Von welchem Nachbarn redet Lio? „Na, der Typ, der immer Marathon läuft, der hat einen Herzschrittmacher." – „Und deshalb ist er ein Cyborg?" Sie lacht. „So ein Blödsinn!"

Was ist ein Cyborg?

Ein **Androide** ist eine Maschine (Roboter), die dem Menschen ähnlich sehen soll. Er ist der Versuch, einen Menschen künstlich zu erschaffen.

Cyborgs sind weder Roboter noch **Androiden**, sondern vielmehr Mischwesen aus Maschine und Lebewesen. Nicht nur Menschen, sondern auch Hunde, Katzen oder Bäume können Cyborgs sein, wobei für uns Menschen in der Regel die Verbindung zwischen uns und der Maschine am interessantesten ist. Schließlich wollen wir die Maschinen, die in unseren Körper eindringen, auch für uns nutzen. Wer einen Herzschrittmacher in sich trägt, der ist ganz streng genommen ein Cyborg.

Trotzdem bezeichnen wir diese Menschen nicht so, denn das klingt übertrieben und passt nicht zu unserem üblichen Verständnis des Begriffs Cyborg. Unser Bild eines Cyborgs ist stark von Science-Fiction-Filmen geprägt. Deshalb denken wir dabei zuerst an Helden und Fieslinge aus Hollywoodfilmen, die halb Mensch, halb Maschine sind.

Das Wort „Cyborg" ist ein Akronym, also ein Wort, das aus Bestandteilen von mehreren Wörtern zusammengesetzt wird: **cyb**ernetic + **org**anism = Cyborg (auf Deutsch: „kybernetischer Organismus"). Von „Kybernetik" sprechen wir unter anderem, wenn es um die Steuerung und Regelung von Maschinen geht, die ähnlich wie Lebewesen oder soziale Organisationen handeln oder sich bewegen. Ein Roboterarm bewegt sich zum Beispiel ähnlich wie ein menschlicher Arm. Er ist nur nicht aus Fleisch und Blut.

Erobert Elektronik unseren Körper?

Zum ersten Mal verwendeten der österreichisch-australische Wissenschaftler Manfred Clynes und der US-amerikanische Mediziner Nathan S. Kline das Wort „Cyborg" in den 1960er-Jahren in einem Aufsatz. Sie schlugen vor, dass sich Astronauten an die Umweltbedingungen im Weltraum anpassen sollten, so wie sich Menschen auf der Erde über Jahrhunderte ihrer Umwelt angepasst hatten. Dazu sollten sie zu „selbstregulierenden Mensch-Maschinen" werden, die dank modernster Technik und Chemie der Schwerelosigkeit und all den Schwierigkeiten im Weltraum trotzen können – und das ohne die schützende, künstlich erschaffene, erdähnliche Atmosphäre innerhalb von Raumschiffen.

So ähnlich wie im Film *Justice League* stellen wir uns Cyborgs häufig vor.

So weit ist es allerdings (noch) nicht gekommen. Wenn wir keinen Herzschrittmacher oder eine Insulinpumpe implantiert haben, so befindet sich die Elektronik in der Regel noch außerhalb unseres Körpers. Doch sie rückt näher an uns heran. Früher gab es nur den Computer auf dem Schreibtisch, dann kam der Laptop auf den Oberschenkel. Inzwischen haben wir ständig das Handy bei uns und viele Menschen tragen die Smartwatch am Handgelenk. Jeder spürt, dass wir immer enger mit technischen Geräten verbunden sind. Da scheint der nächste logische Schritt zu sein, dass die Technik in uns einzieht.

Der Duden definiert einen Cyborg so: Mensch, in dessen Körper technische Geräte als Ersatz oder zur Unterstützung nicht ausreichend leistungsfähiger Organe (zum Beispiel für lange Raumflüge) integriert sind.
Die Wahrheit ist aber: Es gibt noch keine einheitliche Definition für Cyborgs.

Wer war der erste Cyborg?

Der Brite Neil Harbisson wurde 1982 geboren und lebt in New York. Von Geburt an konnte er keine Farben sehen. Deshalb ließ er sich mit 21 Jahren eine Antenne – genauer gesagt: einen Eyeborg – implantieren, die aus seinem Kopf ragt und mit der er Farben hören kann. Über einen Sensor in der Antenne werden die Farben in Schallwellen übersetzt, die über einen Lautsprecher im Ohr wiedergegeben werden. Neil Harbisson ist der erste von einer Regierung anerkannte Cyborg! Auch auf seinem Passfoto ist er mit der Antenne abgebildet.

Neil Harbissons Eyeborg kann sogar Signale und Daten von Satelliten empfangen.

Doch das ist ihm noch nicht genug. Er gründete 2010 die *Cyborg Foundation*, eine internationale Stiftung, die Cyborg-Rechte verteidigt, die Kunstbewegung Cyborgismus fördert und jedem hilft, der selbst ein Cyborg werden möchte. Harbisson selbst will nicht nur die gleichen Farben hören, die andere sehen, er will mehr hören als das Farbspektrum, das „normale Menschen" sehen können.

Neil Harbisson definiert Cyborgs so: 1. Die Technik muss mit dem menschlichen Körper so verschmelzen, dass er sie als Teil seines Körpers betrachtet. 2. Die Fähigkeiten des Menschen werden durch die Technologie gesteigert. 3. Eine Kommunikation zwischen Körper und Gehirn muss vorhanden sein.

Sind alle Cyborgs gleich?

Was vor Jahren noch undenkbar war, wird immer mehr zur Realität: Weltweit lassen sich mittlerweile Menschen Chips unter die Haut implantieren oder spritzen, auf denen Daten gespeichert sind. Mit diesen NFC-Chips, die nicht größer als ein Reiskorn und häufig mit bioaktivem Glas ummantelt sind, können kontaktlos Daten ausgetauscht werden. Vermutlich kennst du diese Technik vom bargeldlosen Bezahlen. Mit einem solchen Chip kann man sogar schwimmen oder in die Sauna gehen.

NFC steht für *near field communication* (dt.: „Nahfeldkommunikation").

Mit einem NFC-Chip unter der Haut kannst du deine Haustür öffnen oder mit ApplePay oder GooglePay bargeldlos bezahlen. Er kann auch als Zugangskarte im Fitnessclub oder Büro dienen, als Visitenkarte oder Speicher von Kontakt- und Gesundheitsdaten und sogar als Autoschlüssel. Früher waren Chips mit NFC-Technik nur in Schweden oder den USA populär, heute nutzen sie auch immer mehr Menschen in Deutschland, Österreich und der Schweiz. Um einen NFC-Chip auszulesen, muss ein NFC-fähiges Lesegerät – zum Beispiel ein Smartphone – mit einem kurzen Abstand von wenigen Millimetern an den Chip gehalten werden.

Das Auslesen des Chips funktioniert ähnlich wie bei Hunden oder Katzen, die gechipt sind.

Doch so toll und spannend das alles klingt, es hat einen Haken.

Denn Staaten, die ihre Bevölkerung überwachen wollen, könnten sich diese Technologie zunutze machen und sie missbrauchen. Auf NFC-Chips könnten sämtliche wichtige Daten eingespeichert und wie eine Art Computer-ID unter die Haut der Bürger gepflanzt werden – und schon wären diese immer und überall identifizierbar.

Wie wird Technik in der Medizin eingesetzt?

Medizinische Implantate, die in den Körper eingepflanzt werden, sind deutlich komplizierter als NFC-Chips. Und sie bedeuten für ihre Träger eine echte Verbesserung – etwa der Herzschrittmacher oder die Adrenalinpumpe für Diabetiker.

Es gibt aber auch „Maschinen", die äußerlich am Körper angebracht werden. Exoskelette können so manche Querschnittsgelähmten dabei unterstützen, dass sie zumindest zeitweise wieder laufen können. Einige Handprothesen sind so weit entwickelt, dass ihre Träger durch die Finger der künstlichen Hand wieder fühlen können.

Es gibt inzwischen auch schon künstliche Augen und Linsen, die Menschen, die an der Augenkrankheit *Retinitis pigmentosa* erkrankt und deswegen erblindet sind, in Grautönen sehen und sie zumindest grobe Umrisse erkennen lassen.

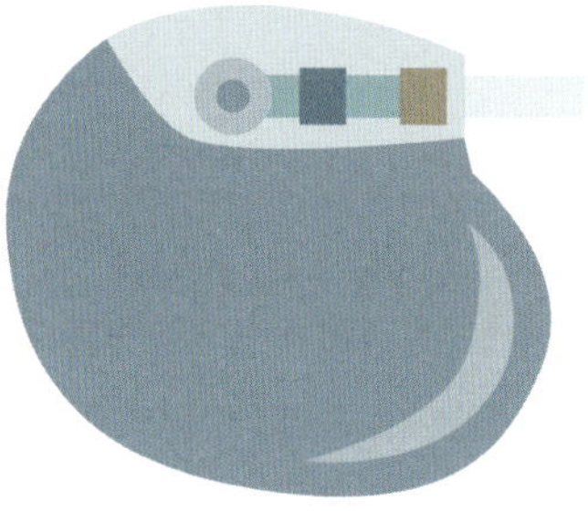

Und sogar das menschliche Herz kann durch ein künstliches ersetzt werden. Dieses künstliche Herz besteht aus Kunststoff und ist mit Gewebe aus biologischem Material von Tieren ausgekleidet. Ein wirklich dauerhafter Ersatz ist ein solches Herz nicht, aber die Menschen, die es implantiert bekommen, können darauf hoffen, dass sie in den nächsten Jahren ein Spenderherz erhalten.

In Mäusegehirnen können wir mittlerweile Nervenzellen recht problemlos ein- und ausschalten. Das geschieht mithilfe von Lichtimpulsen, die ins Gehirn geleitet werden. Diese Methode ist revolutionär und vielleicht kann sie in der Zukunft auch bei Menschen eingesetzt werden und dabei helfen, Krankheiten zu behandeln oder sogar zu heilen, bei denen das aktuell noch nicht möglich ist.

Aber bereits heute gibt es erste Ansätze, wie das menschliche Gehirn mit künstlicher Intelligenz „verbunden" werden kann, nämlich beim Einsatz von neuen, intelligenten Prothesen. Diese arbeiten mit künstlicher Intelligenz.

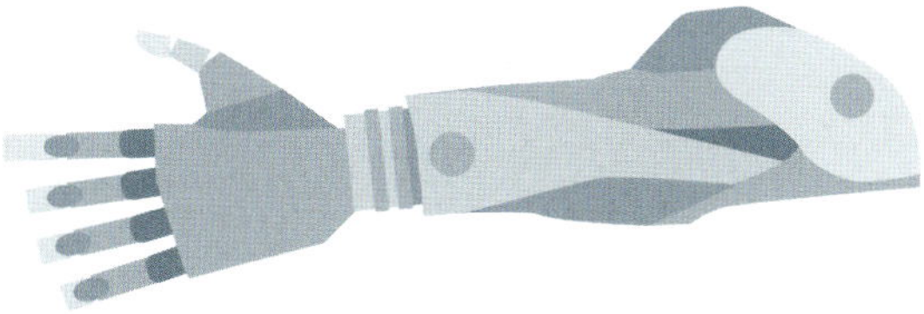

Wenn jemand eine Hand oder einen Arm verliert, bleiben Bewegungsabläufe trotzdem im Gehirn angelegt. Das bedeutet, dass das Gehirn auch nach einer Amputation noch weiß, wie es eine bestimmte Bewegung steuern kann. Genau hier setzen „intelligente Prothesen" an. Natürlich müssen solche Prothesen – genau wie herkömmliche – an ihren Nutzer angepasst werden. Bei intelligenten Prothesen bedeutet das auch, dass die Prothese mittels künstlicher Intelligenz lernen muss, auf welche Impulse aus dem Gehirn sie mit welcher Bewegung reagieren soll. Das geschieht mithilfe von speziellen Elektroden in der Prothese, die die Impulse im Armstumpf registrieren. Das Gehirn überträgt sozusagen die Impulse direkt an den künstlichen Arm oder die künstliche Hand.

Dadurch können sich die intelligenten Prothesen an individuelle Bewegungsmuster ihrer Nutzer anpassen.

Man kann sagen: Der Nutzer stellt sich die Bewegung der verloren gegangenen Hand vor und die Prothese führt sie aus. Und dabei lernt sie auch immer noch dazu. Mit ein bisschen Übung kann der Nutzer mit der Prothese schließlich problemlos nach Dingen greifen, sie drehen und wenden, etwas fallen lassen und sogar Eier ganz sanft aufheben, so wie mit seiner eigenen Hand. Die Prothese wird wie ein Teil von ihm und erleichtert ihm den Alltag erheblich. Bisher gibt es solche intelligenten Prothesen nur für den Unterarm, aber an weiteren Möglichkeiten wird bereits geforscht.

Was ist der Neuralink-Chip?

2016 gründete der Unternehmer Elon Musk das Medizin-Start-up Neuralink. Damit hat er Großes vor: Neuralink hat einen Chip mit winzigen Fäden und unzähligen Elektroden entwickelt, der in den für den Bewegungsapparat zuständigen Bereich des Gehirns implantiert werden soll. Mithilfe dieses Chips soll es möglich werden, Nervenschäden zu überbrücken. Dadurch könnten neurologische Krankheiten behandelt werden.

Laut Musk soll es aber auch möglich sein, die gesammelten Informationen über eine Bluetooth-Verbindung an ein Handy zu senden. So könnten Menschen quasi durch ihre Gedanken Geräte steuern – und zwar schneller, als man das mit seinem Daumen schafft.

Pong wurde 1972 veröffentlicht und gilt als Urvater der Videospiele. Das Spielprinzip ist sehr einfach und erinnert an ein Tischtennisspiel.

Der Neuralink-Chip wurde bereits getestet, und zwar an dem Affen Pager, der tatsächlich das Computerspiel **Pong** ohne Joystick und nur mittels Gedanken wie ein Profi spielte. Musk ist davon überzeugt, dass mit dem Chip bald auch Menschen mit schweren Rückenmarkverletzungen geheilt werden können. Doch noch wurde das Projekt nicht an Menschen getestet. Und die Tierversuche sind umstritten: Aktivisten werfen Neuralink vor, die Affen zu quälen, einige Tiere sollen sogar bei den Versuchen gestorben sein. Neuralink streitet dies ab.

Elon Musk ist laut der Forbes-Liste 2022 mit einem Vermögen in Höhe von etwa 265,6 Milliarden US-Dollar der reichste Mensch der Welt. Er hat bereits zahlreiche Firmen gegründet, zu den bekanntesten gehören der Bezahldienst PayPal, der Elektroautohersteller Tesla und das Raumfahrtunternehmen SpaceX. Musk wird häufig als Visionär bezeichnet, also als jemand, der gute Ideen für die Zukunft hat, er ist aber nicht unumstritten.

Was wollen Transhumanisten?

Transhumanisten
haben einen unerschütterlichen Glauben an die Wissenschaft.

Menschen wie Elon Musk, die auf die Verschmelzung von Mensch und Technologie setzen, werden **Transhumanisten** genannt. Sie wollen mehr, als nur Rollstuhlfahrer wieder gehend zu machen oder blinde Menschen sehend, sie wollen, dass der Mensch sich durch Technik upgraden kann – also dass er über sich hinauswächst. Das soll so weit führen, dass Menschen nicht mehr altern und sogar nicht mehr sterben müssen. Laut der „Initiative 2045" könnte das gelingen. Denn deren Ziel ist es, bis 2045 Cyborgs hervorzubringen, die kybernetisch unsterblich sind.

Bislang sind wir in der Regel auf unsere Sinnesorgane wie Augen oder Ohren angewiesen, um mit anderen Menschen zu kommunizieren und von ihnen zu lernen. Doch das könnte sich bald ändern. Forschern ist es bereits gelungen, Gehirne von Ratten übers Netz miteinander zu verknüpfen. So konnte eine Ratte in ihrem Käfig in Brasilien ihr Wissen über eine Futterquelle einer anderen Ratte in einem gleichen Käfig in den USA sofort mittels Hirnströmungen mitteilen. Transhumanisten wollen, dass auch Menschen Daten grenzenlos mit anderen austauschen können, so als ob du zwei Festplatten miteinander verbindest. Womöglich können wir uns so irgendwann einmal von unserem Körper trennen und unseren Geist in einen Computer fließen lassen.

Raymond „Ray" Kurzweil, geboren 1948, ist ein amerikanischer Erfinder, Futurologe und einer der bekanntesten Vordenker des Transhumanismus. Er gilt als Urvater der Spracherkennung und ist Leiter der technischen Entwicklung bei Google LLC.

Bill Gates bezeichnet Ray Kurzweil als einen führenden Experten für KI.

Wie sieht unsere Zukunft aus?

Was bedeutet der Einzug der Maschine in unseren Körper? Viele Menschen möchten keinen Fremdkörper in sich tragen und womöglich fremdgesteuert werden. Aber ist das Handy nicht schon ein Teil von uns? Natürlich tragen wir es noch nicht unter der Haut, aber ständig bei uns. Und wenn der Akku leer ist, sagen wir: „*Mein* Akku ist leer."

Falls deine Eltern dir das Handy wegnehmen wollen, spürst du deine mögliche Abhängigkeit deutlich – und wirst sauer. Ohne Internet, Snapchat und Zocken fühlen wir uns häufig nicht mehr komplett. Wir sind keine Cyborgs, aber abhängig von der Technik.

Entwicklung Mensch/Technik

Erst Affe, dann Handyträger – und dann? Immer weiter rückt die Technik in unseren Körper vor, bis sie schließlich den Geist erobert und uns wie in Science-Fiction-Filmen nur über Geistesströme via WLAN miteinander kommunizieren lässt.

Hinzu kommt, dass wir uns schnell an neue Technik gewöhnen. So war es vor der Corona-Pandemie ganz normal, dass man sich in der Schule oder bei Meetings gemeinsam in einem Raum aufgehalten hat. Programme wie Teams oder Zoom kannten die meisten Menschen noch nicht. Auch mussten sie kein Tablet oder Notebook, keinen Computer oder Handy daheim haben. Jetzt ist das normal. All diese Techniken haben zwar unseren Alltag enorm verändert, haben aber noch nicht in unseren Körper Einzug gehalten.

Doch stell dir vor, du könntest in Zukunft wie der Affe Pager via Neuralink-Chip Dinge steuern. Das ginge schneller als mit einem Stick, per Sprachsteuerung oder über eine Tastatur. Dann wärst du für bestimmte Prozesse in der Schule oder bei der Arbeit vielleicht besser geeignet als andere ohne Link. Das wiederum könnte dazu führen, dass du einen solchen Link unbedingt haben möchtest, um gute Noten oder einen Job zu bekommen.

Was schon möglich ist

Menschen treten mit Prothesen zum Wettkampf an. Kennen wir das nicht schon von den Paralympics? Ja, aber nicht so! Seit 2016 findet unter der Leitung der Eidgenössischen Technischen Hochschule Zürich der Cybathlon statt – ein Wettkampf, bei dem die Teilnehmer durch neueste Entwicklungen in der Robotertechnik unterstützt werden. Hauptziel der Erfinder des Cybathlons ist es, zu zeigen, wie wichtig neu entwickelte robotertechnische Hilfsmittel für die Rehabilitation und Integration von teilweise hochgradig querschnittsgelähmten Menschen sein können. Außerdem wollen sie erreichen, dass die technischen Hilfsmittel künftig nicht nur leistungsfähiger, sondern auch alltagstauglicher werden. Die teilnehmenden Teams bestehen aus Entwicklern und „Piloten". Sie treten unter anderem in Disziplinen wie „Rennen mit Gedankensteuerung", „Exoskelett-Rennen", „Rollstuhl-Rennen" und „Fahrradrennen mit elektrischer Muskelstimulation" an. Die nächste Ausgabe des Cybathlons ist für 2024 geplant.

We are Cyborgs

Immer häufiger schleichen sich die Maschinen an und in unsere Körper. Dabei geht es meist um medizinische Produkte wie etwa eine Insulinpumpe. Aber manche lassen sich auch schon einen Chip implantieren, um beispielsweise mit Bitcoin zu zahlen.

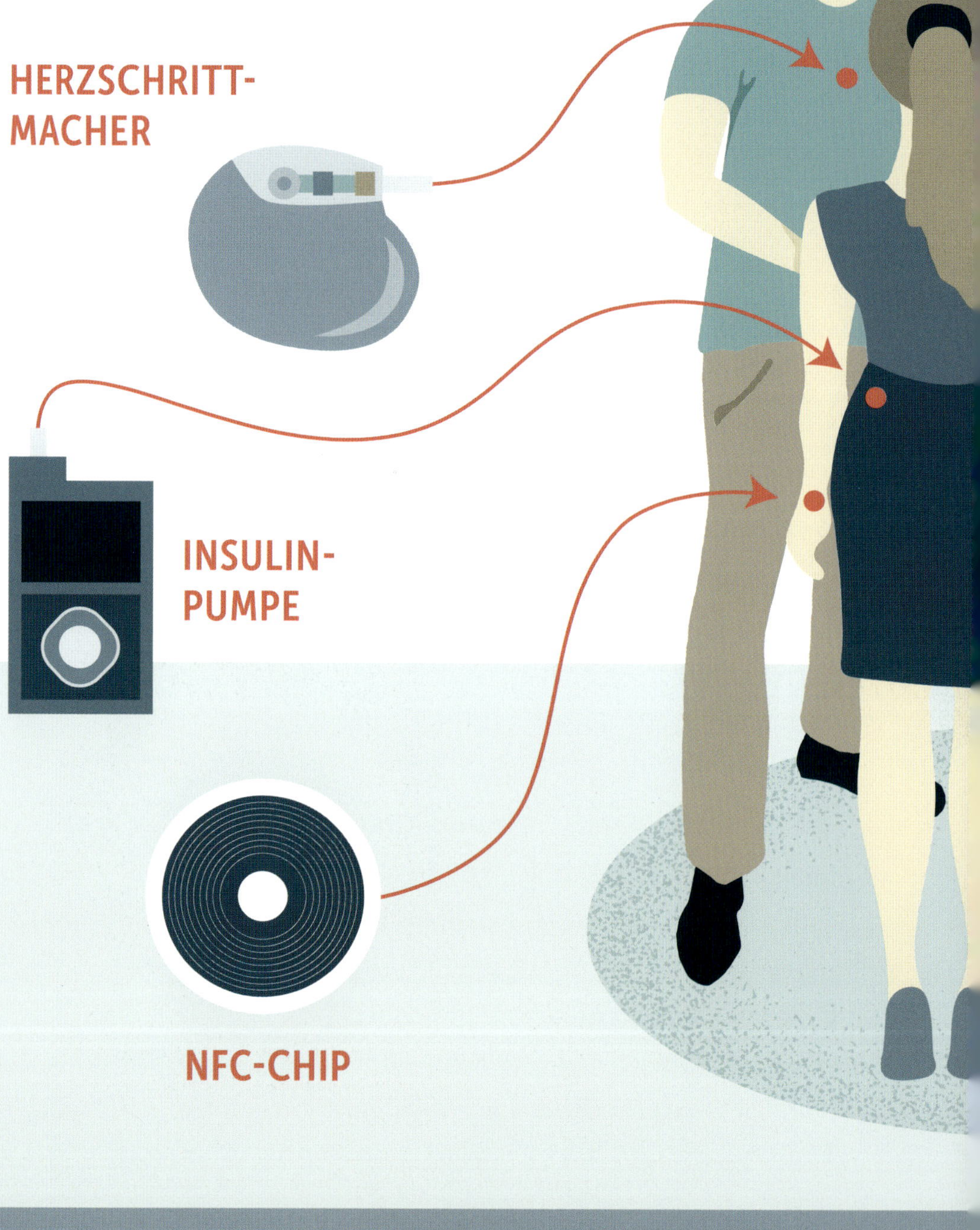

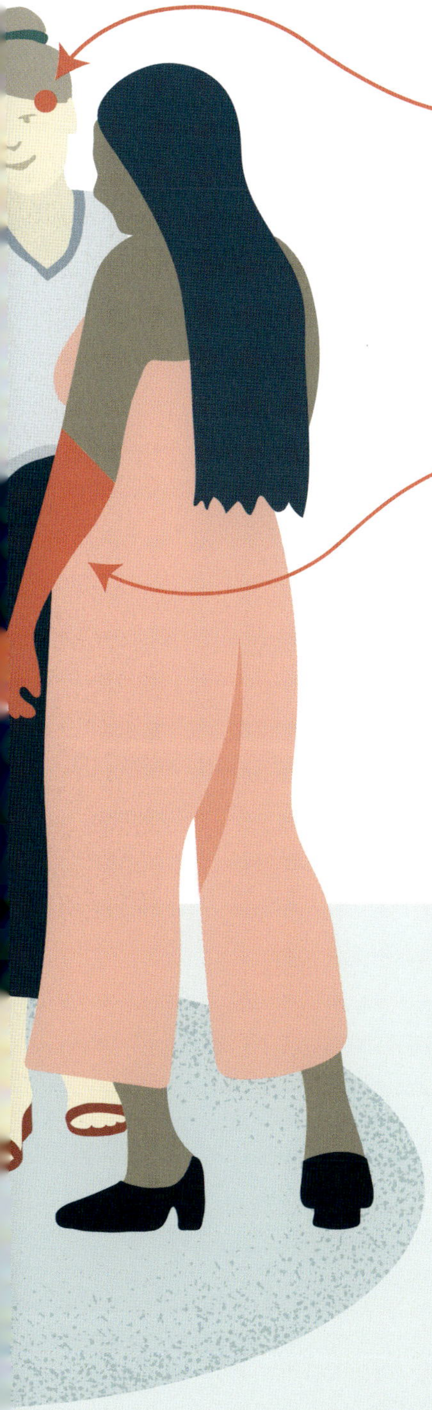

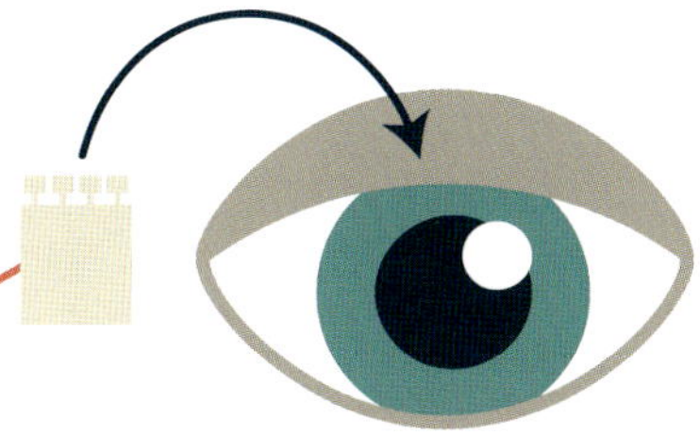

RETINA-IMPLANTAT

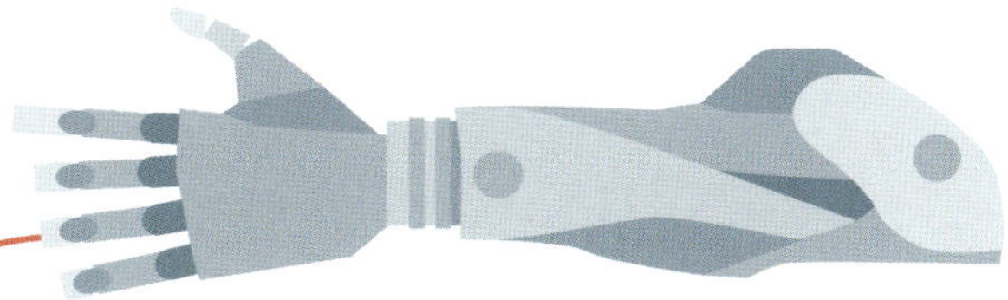

KÜNSTLICHE GELENKE UND PROTHESEN

UND ES GEHT IMMER BESSER …

… würden ihren Körper verbessern, wenn sie die Möglichkeit dazu hätten.

Quelle: Kaspersky

Roboter – Woher kommen sie?

„Ich mag keine Roboter." Emily hat immer ein bisschen Angst, wenn sie eine der menschenähnlichen Maschinen sieht. „Ich will nicht, dass sich Leute Roboter halten wie Haustiere." Lio hält das für Blödsinn: „Roboter sind einfach Maschinen, die uns helfen." Emily sieht es anders: „Stell dir vor, Roboter würden irgendwann die Macht übernehmen."

Woher kommt das Wort „Roboter"?

Menschen träumen seit Jahrhunderten von Maschinen, die ihnen gleichen. Es scheint tief in der Seele einiger Träumer und Genies verankert, dass sie selbst zum Schöpfer werden wollen. So schaffen sie in Büchern und Filmen immer wieder Maschinenmenschen.

Der Roboter steht für den Glauben des Menschen an seine Schöpferkraft als Wissenschaftler. Roboterhafte Hollywoodhelden und -antihelden beeinflussen unser Bild von KI, Algorithmen und der Zukunft ganz enorm. Daher ist es wichtig, sie näher zu betrachten.

Das Wort „Roboter" hat seine Wurzel im tschechischen Wort *robota*, das mit „Zwangsarbeit" übersetzt werden kann. Es entstammt dem Theaterstück *R.U.R. – Rossum's Universal Robots* (1921 uraufgeführt) des tschechischen Schriftstellers Karel Čapek (1890–1938). Vor der Prägung des Wortes „Roboter" wurden solche Maschinen „Automaten" oder „Halbautomaten" genannt.

Das Stück *R.U.R.* handelt von Robotern, die sich gegen ihren Besitzer, einen Unternehmer, auflehnen, um der Sklaverei zu entkommen. Schließlich vernichten diese sehr menschenähnlichen Wesen (heute würde man sie Androiden nennen) die Menschheit. Mit dem Erfolg des Stücks breitete sich das Wort „**Roboter**“ in verschiedenen Sprachen aus und mit ihm auch die Angst davor, die Roboter könnten die Weltherrschaft übernehmen.

Roboter sind programmierbar, sie reagieren und interagieren meist mit ihrer Umgebung. Sie dienen dazu, dem Menschen häufig wiederkehrende Arbeiten abzunehmen, und können sowohl fest an einem Ort installiert als auch mobil sein.

Der arabische Ingenieur Al-Dschazari beschrieb bereits im Jahr 1205 humanoide Automaten und inspirierte damit Leonardo da Vinci, der 1495 Pläne für roboterartige Menschen zeichnete. Aber erst etwa 300 Jahre später wurden die ersten lebensechten mechanischen Figuren konstruiert. Dazu gehörte die *Mechanische Ente*, die der französische Ingenieur und Erfinder Jacques de Vaucanson 1739 baute. Die Ente gilt als sein Meisterwerk, denn sie bestand aus über 400 beweglichen Einzelteilen, konnte mit den Flügeln flattern, schnattern, Wasser trinken und hatte sogar einen künstlichen Verdauungsapparat! Körner, die sie aufpickte, „verdaute“ sie in einer chemischen Reaktion in einem künstlichen Darm und schied sie in einer naturgetreuen Konsistenz aus.

Automaten wie Geld- oder Getränkeautomaten führen mittels Mechanik und Elektronik eigenständig Arbeitsabläufe durch, die zu einem Ergebnis führen.

Auch der **Automat** *Der Schreiber* des Schweizer Uhrmachers Pierre Jaquet-Droz wurde im 18. Jahrhundert von einem Pionier und Meister des Automatenbaus konstruiert. Er war circa siebzig Zentimeter hoch, konnte Kopf, Arme und Augen bewegen und war nach der damaligen höfischen Mode gekleidet. *Der Schreiber* wurde durch ein Uhrwerk gesteuert und war so programmierbar, dass er Texte schreiben konnte. Wurde er in Gang gesetzt, tauchte er seine Feder in die Tinte, schüttelt sie leicht, setzte seine Hand oben auf die Seite und hielt an. Wurde ein weiterer Hebel bedient, begann er – quasi wie ein richtiger Schreiber – zu schreiben.

Der Automat *Der Schreiber* kann Texte mit bis zu vierzig Zeichen schreiben!

Wie lauten die Robotergesetze?

Eine der berühmtesten Figuren der Literaturgeschichte ist Frankensteins Monster. Es wurde 1818 von der Engländerin Mary Shelley erschaffen und geistert bis heute auch durch Hollywoodfilme wie *Hotel Transsilvanien*.

In Shelleys Roman erschafft der Wissenschaftler Viktor Frankenstein aus Leichenteilen einen künstlichen Menschen, Frankensteins Monster ist also kein „klassischer" Roboter. Es ist hässlich und fühlt sich ungeliebt. Deshalb entwickelt sich in der Kreatur eine zerstörerische Leidenschaft. Aus Mitleid mit seiner Kreatur möchte Frankenstein seinem Geschöpf eine Gefährtin basteln. Doch im letzten Moment bricht er die Prozedur ab, weil er fürchtet, dass die beiden Kinder zeugen könnten, die sich zu einer Gefahr für die Menschheit entwickeln würden. Aus Wut bringt das Monster die Geliebte von Frankenstein um – und alles endet in einer Katastrophe.

Obwohl Frankensteins Monster streng genommen kein Roboter ist, ist diese Geschichte heute noch wichtig für uns. Denn sie stellt entscheidende Fragen an unsere Moral, die wir auf die Gegenwart übertragen können:

Dürfen wir Roboter bauen, die selbst Roboter bauen können? Oder ist das viel zu gefährlich? Können solche Roboter nicht sogar irgendwann die Menschheit vernichten?

Auch der russische Science-Fiction-Autor Isaac Asimov hat sich in seinen Romanen und Kurzgeschichten eingehend mit Robotern und moralischen Fragen beschäftigt und dabei Fragen aufgeworfen, die uns bis in die heutige Zeit hinein beschäftigen. 1942 stellte er in seiner Kurzgeschichte *Runaround* sogar schon „Grundregeln des Roboterdienstes" auf:

REGEL 1 *Ein Roboter darf kein menschliches Wesen verletzen oder durch Untätigkeit zulassen, dass einem menschlichen Wesen Schaden zugefügt wird.*

REGEL 2 *Ein Roboter muss den ihm von einem Menschen gegebenen Befehlen gehorchen – es sei denn, ein solcher Befehl würde mit Regel eins kollidieren.*

REGEL 3 *Ein Roboter muss seine Existenz beschützen, solange dieser Schutz nicht mit Regel eins oder zwei kollidiert.*

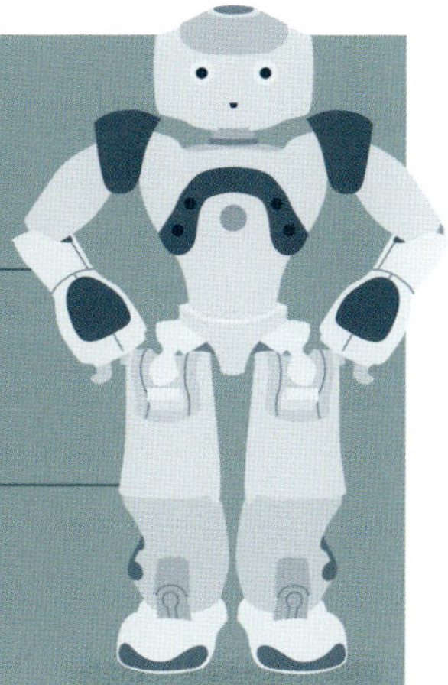

Später hat Asimov noch ein nulltes Gesetz hinzugefügt und die übrigen entsprechend angepasst. Das nullte Gesetz lautet:

REGEL 0 *Ein Roboter darf die Menschheit nicht verletzen oder durch Passivität zulassen, dass die Menschheit zu Schaden kommt.*

Durch die Einführung des nullten Gesetzes steht nun die Menschheit über dem einzelnen Menschen. Streng genommen bedeutet das, dass ein Roboter die Unversehrtheit einer Gruppe von Menschen der Unversehrtheit eines Einzelnen vorziehen müsste. Für bestimmte Situationen, zum Beispiel das autonome Fahren, bedeutet das ein Dilemma.

Denn was würde passieren,
wenn ein Auto sich entscheiden müsste,
ob es einen einzelnen Menschen
oder eine Gruppe überfahren soll?
Und wer wäre dann schuld?
Auto oder Programmierer?

Wer bestimmt heute unser Bild vom Roboter?

Nach den literarischen Horrorszenarien von *Frankenstein* bis *R.U.R.* erschuf auch die Filmbranche im 20. Jahrhundert Roboter. Schon 1927 flimmerte die erste **Roboterfrau** über die Kinoleinwand. Sie hieß Maria und unterdrückte in dem Film *Metropolis* die Arbeiter in einer künftigen Großstadt.

Weibliche Roboter werden **Roboterfrau**, Femisapien, weiblicher Roboter, Fembot oder Gynoid genannt.

Damit war klar: Auch im Film kommen die neuen Wesen nicht gut weg.

Regisseur von *Metropolis* war der in Österreich geborene Fritz Lang. Obwohl seine Frau Thea von Harbou die Drehbücher zu einigen seiner Filme geschrieben hatte, wurde Fritz Lang viel berühmter. Thea von Harbou war es auch, die in dem Film *Frau im Mond* den Countdown vor einem Raketenstart erfand. Dort wird – anders als heute – noch von zwanzig an rückwärts gezählt.

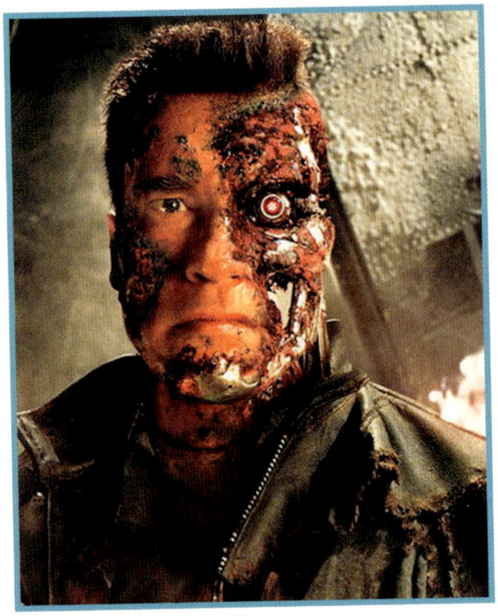

Arnold Schwarzenegger als Terminator.

Noch schlimmer als Maria war der *Terminator* (1984), der wohl berühmteste Killerroboter der Welt. Der österreichische Schauspieler Arnold Schwarzenegger spielte ihn. Seine Mission: Töte die Mutter des künftigen Widerstandskämpfers John Connor, bevor sie John Connor zur Welt bringen kann. Das klingt schräg und ist es auch. Der Terminator handelt rational und brutal und ist so gut wie unzerstörbar.

R2-D2 und C-3PO sind im Star-Wars-Universum unterwegs, ...

Auch zig andere Horrorroboter wandern durch die Filmgeschichte. Da gehen die guten Maschinen fast unter: Robby spielte in *Alarm im Weltall* (1956) einen freundlichen Maschinenkerl. Auch der treue Freund und Begleiter von *Doctor Who* namens K9 (1977) und der Androide Data aus dem *Star-Trek*-Universum gehören in diese Kategorie. Gleich eine ganze Reihe süßer Roboter gibt es bei *Star Wars* und auch in Filmen wie *Robots* (2005) oder *WALL·E* (2008) sind Roboter nett. Wall·E räumt sogar die Erde auf.

Unser Bild vom Roboter ist jedenfalls stark von Hollywood geprägt. Oft leben diese Maschinen, egal ob der Terminator oder Wall·E, in einer Welt, die halb zerstört ist. Wir nennen solche Szenarien **Dystopien**. Sie haben im Zuge der Angst vor einer Klimakatastrophe die positiven Utopien verdrängt.

Dystopien sind Geschichten, die in einer düsteren Zukunft spielen.

... WALL·E stammt aus dem gleichnamigen Pixar-Film.

Wer dem Terminator ins Auge schaut, wird kaum auf eine bessere Welt durch Algorithmen hoffen, sondern sich eher fragen: Wie sieht unsere Zukunft aus? Was ist Fortschritt? Und was darf Wissenschaft? Mit diesen Fragen setzen sich all die Geschichten auseinander und bringen uns zum Nachdenken über Algorithmen & Co.

Roboter – Buchhelden und Filmstars

Seit Jahrhunderten träumen Menschen davon, Wesen selbst zu erschaffen. Unsere Literatur und unsere Filme sind voll von Robotern. Hier findest du einige Beispiele.

PRODUCTION
TERMINATOR
DIRECTOR
DATE
SCENE

ROBOTER HABEN DIE WELT EROBERT

„Ich denke, du magst keine Roboter", sagt Lio zu seiner Schwester. Doch die antwortet ihm nicht, sondern macht noch ein Foto von ihrer Katze Luna, die auf dem Saugroboter hockt und kreuz und quer durchs Wohnzimmer fährt. „Ihn finde ich gut. Bisher mussten wir saugen, jetzt macht er es."

Welche Roboter helfen uns im Alltag?

Nicht nur Handys mit ihren Mikrofonen oder Sprachassistenten wie Alexa oder Siri dringen immer weiter in unser Privatleben ein, auch Roboter machen sich langsam, aber sicher unentbehrlich. Vor allem zwei Robotertypen sind uns ans Herz gewachsen: der Saugroboter und der Roboter, der den Rasen mäht. Beide müssen sich im Raum orientieren.

Wie machen sie das?

Die einfachste Möglichkeit sind **Berührungssensoren**. Wenn der Saugroboter gegen ein Stuhlbein stößt, dann merkt er sich das und umschifft es in Zukunft. Komplexere Saugroboter nutzen zudem Infrarotsensoren. Deren Licht können wir Menschen nicht sehen, es hilft den Robotern aber dabei, den Abstand zu einer Wand oder einem Abgrund zu erfassen.

Sensoren geben dem Roboter Rückmeldung über Position, Temperatur, Geschwindigkeit und Druck.

Je länger das Licht braucht, um zum Sensor zurückzukehren, desto weiter ist der Roboter von einem Hindernis entfernt.

Was ist Industrie 4.0?

Maschinen, Menschen, Anlagen, Transportmöglichkeiten und Produkte sollen in der Industrie 4.0 vernetzt werden. In diesem Zusammenhang wird seit 2011 auch von der *Smart Factory*, der intelligenten Fabrik, gesprochen.

Cobots sind Roboter, die ganz direkt mit einem Menschen zusammenarbeiten.

In dieser wird verstärkt auch auf Roboter und die Zusammenarbeit von Mensch und Roboter gesetzt. Ein solcher Roboter wird auch als **Cobot** bezeichnet (aus dem Englischen: *collaborative robot*).

Wichtige Voraussetzung für die Industrie 4.0 ist die ständige Verfügbarkeit der Komponenten (Einzelteile), um ein Produkt zu erstellen. Der Idealfall sieht so aus: Wenn ein Auto in Deutschland vom Band läuft, hat die Software des Autobauers in Deutschland schon längst wieder in Taiwan die Computerchips fürs nächste Auto bestellt. So sollen die Kosten für das Lagern von Komponenten minimiert werden.

Doch die Idee der Industrie 4.0 ist durch Corona und den Krieg in der Ukraine ins Wanken geraten. Der Grund: Lieferketten sind teilweise unterbrochen und verschiedene Länder schotten sich durch **Embargos** ab. Die Idee der Welt als Fabrik, in der alle gemeinsam am Wachstum arbeiten, scheint gescheitert zu sein.

Mit einem **Embargo** können Staaten bestraft werden, die gegen das Völkerrecht verstoßen. Das kann zum Beispiel bedeuten, dass das Land bestimmte Waren nicht mehr aus dem Ausland einkaufen (Import) oder ins Ausland verkaufen (Export) darf.

In der Industrie 4.0 müsste alles ineinandergreifen. Aber wenn Chips aus Taiwan – jeder zweite Chip weltweit wird dort produziert – nicht mehr in die USA oder nach Europa kommen, dann steht auch eine optimal digitalisierte Produktion eines Teslas in Brandenburg still und selbst die neue Playstation liegt nicht mehr unterm Weihnachtsbaum.

Wie werden Roboter in der Medizin eingesetzt?

Roboter kommen in der Medizin in drei Bereichen zum Einsatz:

DIAGNOSE, OPERATIONEN und REHABILITATION.

PETRA steht für *Prescreening Experience Through Robot Assessment* und ist ein Diagnoseroboter.

PETRA ist eine Büste mit menschenähnlichem Gesicht. Sie kann an verschiedenen Orten aufgestellt werden, sogar an Flughäfen oder in U-Bahn-Stationen. Ihren Kunden – das können zufällige Passanten sein – stellt sie in einer medizinisch zugelassenen Abfolge verschiedene Ja-/Nein-Fragen und ermittelt aus den Antworten eine **Diagnose**. Bislang ist sie auf drei Krankheiten spezialisiert: Schilddrüsenunterfunktion, Alkoholismus und Prädiabetes.

Das Wort **Diagnose** stammt aus dem Griechischen und heißt so viel wie „Erkenntnis" oder „Urteil".

Falls PETRA Anzeichen für eine dieser Krankheiten entdeckt, rät sie dir, einen Arzt aufzusuchen.

Der bekannteste Operationsroboter heißt Da Vinci. Er hat vier Arme, an deren Spitzen verschiedene „Arbeitsgeräte" angebracht sind, mit denen die Operation durchgeführt wird. Kleine Kameras an den Fingern nehmen zudem gestochen scharfe 3-D-Bilder auf. Diese nutzt der Chirurg, der wenige Meter neben dem Roboter steht und mittels zweier „Joysticks" die Roboterarme steuert. Der Roboter arbeitet also nicht eigenständig und kann auch nicht programmiert werden. Benannt wurde er nach Leonardo da Vinci (1452–1519), einem italienischen Universalgenie, der sich bereits im 15. Jahrhundert Gedanken über Roboter machte.

Um nach einer schweren Operation wieder fit zu werden, werden Patienten häufig in die Reha (Rehabilitation, lat. „Wiederherstellung") geschickt. Dort versuchen Pfleger durch Bewegung, den Patienten in seinem Genesungsprozess zu unterstützen – zum Beispiel, indem Arme oder Beine angehoben werden.

Hier kann der einarmige, etwa menschengroße Reha-Roboter Robert zum Einsatz kommen. Der Patient bekommt dazu eine Manschette angelegt, mit der der Roboterarm verbunden wird. Dann führt der Pfleger die gewünschte Bewegung einmal mit dem Patienten aus, hebt etwa das Bein an und streckt es ein wenig. Robert lernt diese Bewegung sofort und führt sie danach selbstständig aus. Der Einsatz von Reha-Robotern könnte dabei helfen, Pflegekräfte zu entlasten. Allerdings ginge dadurch auch der wichtige Kontakt zwischen Patienten und ihren Pflegern teilweise verloren.

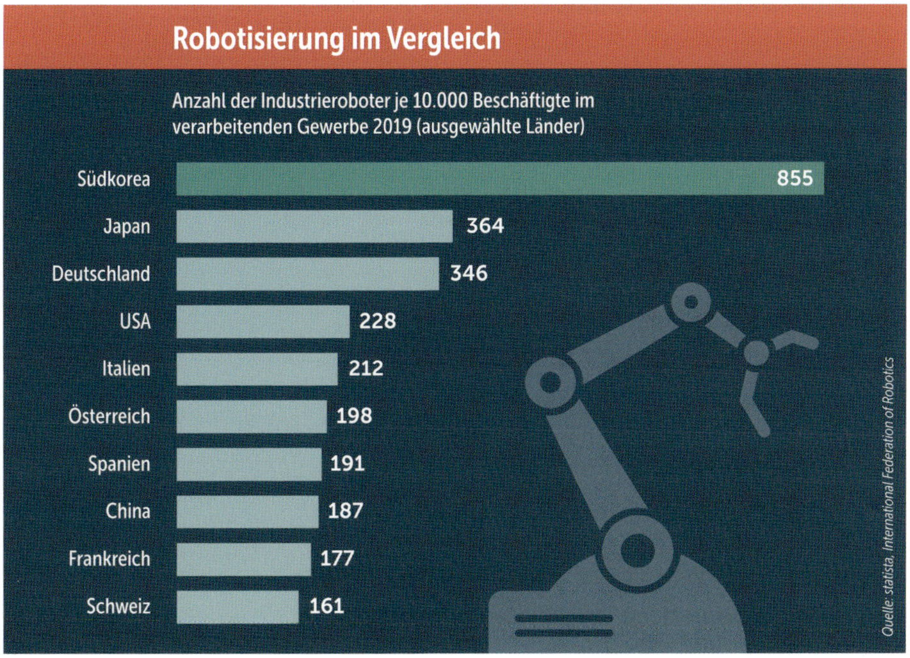

In der Industrie werden immer mehr Roboter eingesetzt.

Wie sieht das Auto der Zukunft aus?

Du steigst in ein Smartcar und sagst ihm, wohin du möchtest. Das Auto fährt dich dann selbstständig zu deinem Zielort. Das nennt sich autonomes Fahren und davon träumen viele Menschen: endlich mal das Lenkrad loslassen und vom Fahrer zum Passagier werden.

Technisch müsste das doch schon möglich sein. Es gibt schließlich Navigationsgeräte, Mikrofone, Spracherkennung, Kameras und Sensoren, mit denen sich das Auto orientieren und eigenständig fahren könnte. Sogar die Fenster könnten Bildschirme sein, auf denen du im selbstfahrenden Auto zocken könntest. Eigentlich bräuchtest du dann nicht mal mehr einen Führerschein.

Einige glauben sogar, dass Autos in der Zukunft fliegen können werden. Tatsächlich erhielt 2022 in der Slowakei ein Auto eine Fluglaubnis. Damit es vom Auto zum Flugzeug werden kann, werden seine Flügel ausgeklappt und ein Propeller am Heck angeworfen. Das Flugauto ist mit einem 160 PS-starken Motor von BMW ausgerüstet – damit kann es rund 190 Stundenkilometer schnell fliegen. Sobald das Flugzeug den Boden berührt, werden die Flügel wieder eingezogen und es verwandelt sich zurück in ein Auto.

Ein solches fliegendes Auto birgt jedoch einige Probleme: Es kostet zwischen 500.000 und einer Million Euro. Und wenn viele Leute ein solches Flugauto hätten, wäre es am Himmel ganz schön eng.

Darf das Auto über Leben und Tod entscheiden?

Was würde passieren, wenn ein autonom fahrendes Auto nicht mehr ausweichen kann und sich entscheiden muss, ob es ein siebenjähriges Mädchen oder einen 97-jährigen Mann überfährt?

Im Grundgesetz Deutschlands steht ganz am Anfang:

> Die Würde des Menschen ist unantastbar.

Jeder Mensch ist also gleich viel wert! Wie soll ein Auto da im Extremfall entscheiden, wer leben darf und wer sterben muss? Man müsste es für diese Entscheidung vorher programmieren. Da das nicht möglich ist, gibt es nur eine Lösung: Es darf keine Unfälle mehr geben! Doch wie soll das gehen? Dafür müsste der Verkehr mit Kameras kontrolliert und die Menschen müssten durch hohe Strafen dazu gebracht werden, sich immer „ordentlich" zu verhalten. Und was passiert mit Kindern, die trotzdem unvorhergesehen handeln?

Bislang gibt es keine Lösung. Stattdessen wird über eine andere Frage nachgedacht: Wer ist bei einem Unfall schuld, wenn das Auto selbst fährt? Der Besitzer des Autos? Der Hersteller? Oder muss der Autofahrer doch eingreifen können?

Schon jetzt wird autonomes Fahren betrieben. Deutschland ist der erste Staat weltweit, der das zumindest auf der Autobahn bei Stau und auf bestimmten Strecken, etwa auf Messe- oder Firmengeländen, erlaubt. Ein Fahrer muss trotzdem noch dabei sein und die Möglichkeit haben, einzugreifen. Es gibt auch Busse, die autonom fahren, allerdings kontrolliert am Ende immer noch ein Mensch über einen Bildschirm mit einem Joystick die ganze Fahrt.

Drohnen – Wer sind die Guten und wer die Bösen?

Drohnen sind unbemannte Luftfahrzeuge, die in der Regel über Fernsteuerung navigiert werden.

Drohnen können helfen, aber sie können auch töten – genau wie Roboter. Auf der einen Seite liefern sie Pakete und Pizzas aus und auf der anderen Seite werfen sie Bomben in einem Kriegsgebiet ab. Das nennt man **Dual-Use** – etwa übersetzt als „zweifach verwendbar". Dieses Phänomen ist in der Wissenschaft schon länger wichtig und wurde viel diskutiert. Die Atomkraft kann zum Beispiel für die Stromerzeugung genutzt werden, aber auch für den Bau der Atombombe.

Mit **Dual-Use** beschreibt man die prinzipielle Verwendbarkeit von Technologien oder Gütern zu zivilen, aber auch zu militärischen Zwecken.

Je intelligenter KI wird, desto eher können Drohnen selbstständig (autonom) handeln.

So gibt es Unterwasserdrohnen, die im Meer nach vermissten Tauchern suchen. Auch fliegen Drohnen Dämme ab, um Schäden von oben zu entdecken. All diese Drohnen werden für zivile Zwecke eingesetzt.

Besorgniserregend hingegen ist, dass auch immer häufiger Militärdrohnen zum Einsatz kommen. Das sind vor allem sogenannte **Kamikaze**-Drohnen, die häufig von Terroristen genutzt werden. Diese bestücken dazu nichtmilitärische Drohnen mit einer Sprengladung. Wenn sie ihr Ziel erreichen, werden sie gegen das Zielobjekt gesteuert und explodieren.

Das Wort „**Kamikaze**" hat seinen Ursprung im Zweiten Weltkrieg, als japanische Flieger mit ihren Flugzeugen in gegnerische Stellungen flogen und dabei selbst starben.

Bei den Militärdrohnen, die von Staaten genutzt werden, entscheiden bislang angeblich Menschen am Ende der Fernsteuerung über Leben und Tod. Aufsehenerregend sind Berichte über Mikrodrohnen, die künftig in Verbänden kämpfen und dabei miteinander kommunizieren sollen. Diese wären in der Lage, als Kollektiv zu handeln und mithilfe von Gesichtserkennung nach Personen zu suchen, um sie zu töten.

Drohnen, die für militärische Zwecke eingesetzt werden, können viel größer sein als die Drohnen, die du vielleicht schon mal gesehen hast.

Ein weiterer typischer Fall von Dual-Use ist auch der Einsatz von Drohnen bei der Polizei. Die Gesetzeshüter dienen dem Schutz der Bevölkerung, der Einhaltung der öffentlichen Ordnung und dem Gesetz. Die Frage ist: Wem dient das Gesetz? Einer Demokratie oder einem Diktator? So ist nichts dagegen zu sagen, wenn Essener Ermittler nach einem Großbrand ihren 60.000 Euro teuren Roboterhund Herbie in ein einsturzgefährdetes Haus schicken, damit er Indizien für die Brandursache sucht. Denn für einen Beamten wäre dieser Job zu gefährlich. Aber solche Polizeiroboter könnten auch von Diktatoren benutzt werden, um sie gegen Demonstranten einzusetzen.

Rühmliche Ausnahme unter all den Robotern und Drohnen sind die Erkundungsroboter. Sie forschen tief in der See oder wie der Marsrover auf dem fernen Roten Planeten und suchen in Lebensbereichen nach Informationen über das Leben, die uns Menschen bislang verschlossen waren. Teilweise operieren sie dabei autark (eigenständig) und müssen „eigene" Entscheidungen treffen. Erkundungsroboter sind unser verlängerter Arm in eine unbekannte Welt.

Was können Tierroboter?

Allein in den vergangenen dreißig Jahren sind 75 Prozent aller Insekten und Tausende von Säugetier-, Vogel- und Fischarten verschwunden.

Das Problem daran ist:

JEDE ART HAT IHRE AUFGABE.

Wer soll diese Aufgabe erledigen, wenn die Tiere ausgestorben sind? Schon jetzt bestäuben Menschen in China Kirschbäume, weil die Bienen fehlen. Doch das kann keine Lösung auf Dauer sein. Was also sollen wir tun?

Plan A: Wir versuchen, das Artensterben aufzuhalten, indem wir uns in unserem Konsum einschränken, die Umwelt schonen, recyceln und nicht so viel Energie verbrauchen.

Plan B: Wir bilden die Tiere als Roboter nach, damit sie den tierischen Job übernehmen.

Nur halb so groß und halb so schwer wie eine Büroklammer ist die erste Roboterbiene (RoboBee). Sie bezieht ihre Energie aus einem Solarpanel auf ihrem Rücken und kann sich auch selbst wieder aufladen. Ihre vier Flügel haben eine Spannweite von 3,5 Zentimetern und bestehen aus einem hauchdünnen Material. Die RoboBee soll ihre Flügel mithilfe von künstlichen Muskeln bewegen können, die sich durch Strom zusammenziehen. Leider kann sie aber noch nicht wirklich fliegen und auch noch nicht ordentlich mit ihren künstlichen Bienenschwestern kommunizieren. Doch da achtzig Prozent aller Pflanzenarten auf Bestäubung angewiesen sind und die Menschen nicht ohne Pflanzen leben können, laufen die Forschungen an der Weiterentwicklung der RoboBee auf Hochtouren.

Bionicants sollen – wie ihre natürlichen Vorbilder – zusammenarbeiten und so komplexe Aufgaben bewältigen.

Weiter als die künstlichen Bienen sind künstliche Ameisen – sie sind aber auch nicht ganz so winzig, nicht so leicht und müssen nicht fliegen. Jede Bionicant wiegt 105 Gramm, ist vierzehn Zentimeter lang und hat sechs Beine. Schon 2015 hat die Wiener Firma Festo Ameisen konstruiert, die mittels KI miteinander verbunden sind und gemeinsam Probleme lösen. Dabei ist jede Bionicant autonom und lädt sich am Ende sogar mit ihren Fühlern wieder automatisch auf. Sowohl bei den künstlichen Bienen als auch bei den Ameisen geht es darum, Roboter zu schaffen, die hochkommunikativ sind und gemeinsam Probleme angehen und lösen, ohne dass der Mensch eingreifen muss.

Der schlangenartige Roboter Eelume wird unter Wasser eingesetzt. Er besteht aus Plastik und Metall, hat mehrere Schubdüsen, ist extrem flexibel und besitzt einen Greifkopf, auf den verschiedene Arbeitsgeräte gesteckt werden können. Und das Geniale: Eelume muss niemals auftauchen! Er lebt tief im Meer und inspiziert und repariert dort Ölleitungen und andere Geräte. Damit er in jede noch so enge Lücke passt und gleichzeitig nicht von der Strömung ergriffen werden kann, wurde er einer Schlange nachempfunden. Unter Wasser hat er eine eigene Station, in der er aufgeladen und umgerüstet werden kann. Einsätze, zu denen früher aufwendig ein Schiff mit einer Mannschaft hinausfahren musste, übernimmt nun der Roboter.

Die Welt der Roboter ist unsere Welt

Roboter gehören inzwischen ganz selbstverständlich in unseren Alltag. Aber häufig sind sie auch an Orten unterwegs, die für Menschen nur schwer oder gar nicht zu erreichen sind – zum Beispiel in der Tiefsee oder auf dem Mars.

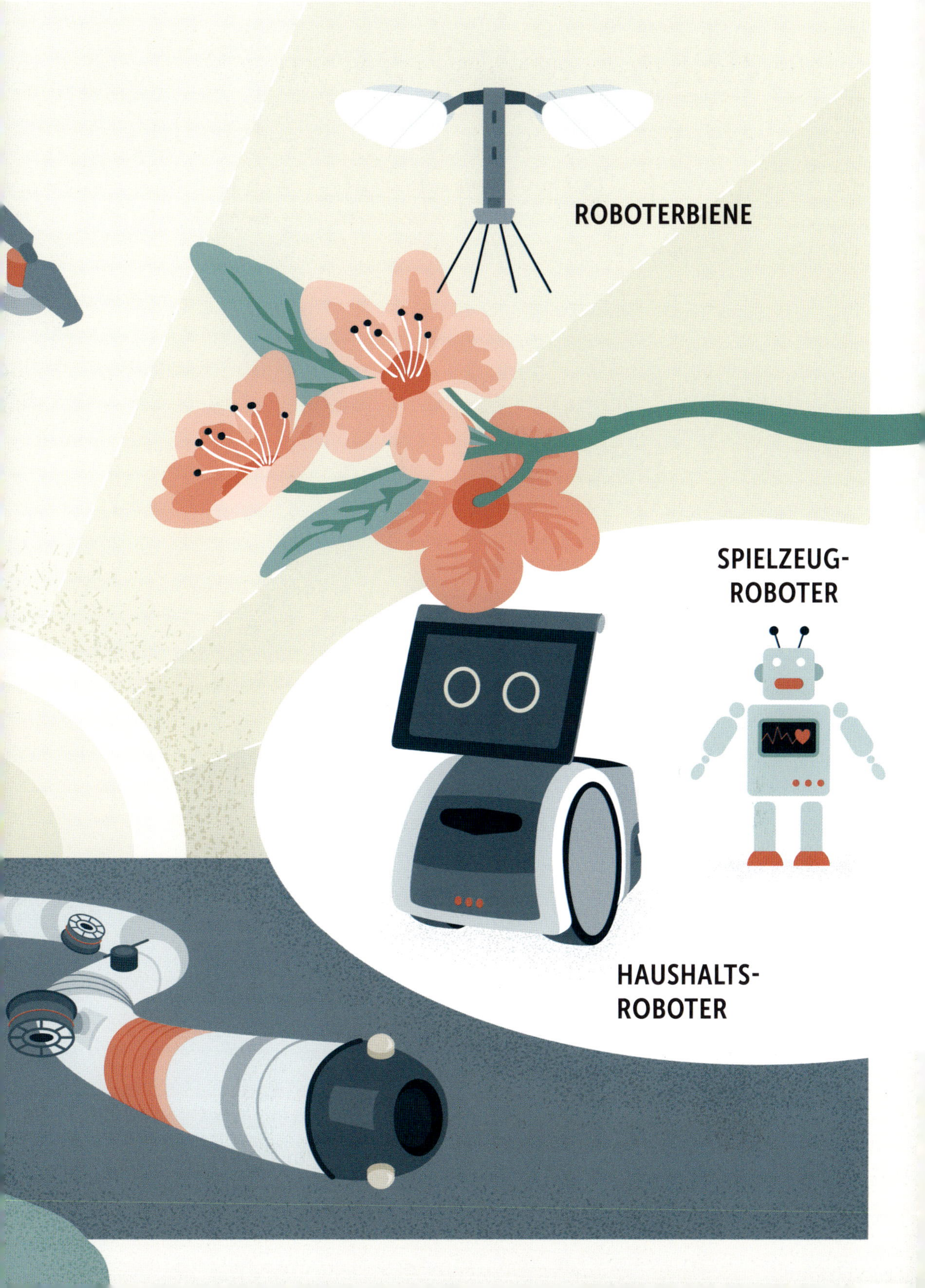
ROBOTERBIENE
SPIELZEUG-
ROBOTER
HAUSHALTS-
ROBOTER

AVATARE, METAVERSE UND CO. – LEBEN WIR BALD IN EINER DIGITALEN WELT?

„O, das ist super." Emily freut sich. Sie liegt mit gebrochenem Fuß daheim im Bett und kann trotzdem am Schulunterricht teilnehmen. An ihrer Stelle sitzt ihr Avatar in einem blauen Kleid in der zweiten Reihe auf ihrem Platz im Klassenraum. Emily sieht über ihren Bildschirm durch die Augen des Avatars, was im Unterricht passiert. Noch ist das Zukunftsmusik. Aber vielleicht sitzt Emily irgendwann in einem Klassenraum, der nur noch digital ist.

Was ist ein Avatar?

Das Wort **Avatar** kommt aus dem altindischen Sanskrit. Es heißt so viel wie „Abstieg" und bezieht sich darauf, dass Götter in menschenähnlichen Gestalten auf die Erde hinabgestiegen sind.

Ein **Avatar** ist eine künstliche Person oder eine Grafikfigur, die uns in der virtuellen Welt – etwa in einem Computerspiel – zugeordnet wird. Du kannst zum Beispiel in die Haut eines grimmigen Soldaten oder einer gestressten Stewardess schlüpfen, um Zombies zu töten. Aber auch mechanische und elektronische Produkte, die sich in der realen Welt bewegen, können Avatare sein.

Immer mehr Kinder in Deutschland, die langzeitkrank sind und nicht mehr zur Schule gehen können, nutzen zum Beispiel auch einen Avatar in Form einer Büste, der für sie im Klassenzimmer auf dem Tisch steht, während sie daheim oder im Krankenhaus sein müssen. Einen solchen Avatar wie den AV1 kann man anfassen, er ist also

Das Gesicht des AV1 erinnert an einen Smiley.

mehr als ein Softwareprogramm und erinnert eher an einen Roboter. Durch eine Kamera im Kopf des Avatars kann man die Umgebung beobachten, seinen Kopf heben und senken und ihn um 360 Grad drehen. Gleichzeitig kann man durch Augenbewegungen des Avatars Emotionen ausdrücken, sich melden oder sich durch Signale aus dem Unterrichtsgeschehen herausziehen, damit man seine Ruhe hat.

Es gibt also noch keine Hologramme, die einen im Unterricht vertreten, aber immerhin Avatare, die sogar in der Schule herumgetragen werden können, sodass man auch in der Pause dabei sein kann.

Das berühmteste Hologramm der Welt ist Miku Hatsune. Sie ist populär wie ein japanischer Popstar und füllt weltweit Stadien bei ihren Auftritten. Interessant: Hatsune wurde 2018 in Form einer Stoffpuppe von dem Japaner Akihiko Kondo zum Traualtar geführt. Ansonsten „lebt“ sie als etwa handgroßes Hologramm in einer Glasvitrine (Gatebox) in seiner Wohnung. Da Herr Kondo oft nach der Arbeit mit ihr spricht, lernt sie ihn immer besser kennen – und kann ihm sogar antworten. Seit 2020 gibt es jedoch Eheprobleme in der ungewöhnlichen Beziehung, denn die Gatebox funktioniert nicht mehr richtig und die Kommunikation ist gestört. Das liegt laut *New York Times* daran, dass der Support für das „limitierte Produktionsmodell“ ausgelaufen ist.

Hologramm Miku Hatsune bei einem ihrer Konzerte.

Was sind Augmented Reality und Virtual Reality?

Augmented Reality (AR, auf Deutsch: „erweiterte Realität") und *Virtual Reality* (VR, auf Deutsch: „virtuelle Realität") sind schon seit Jahren Teil unserer Welt. Während es bei der AR darum geht, digitale Gegenstände auf unsere reale Welt zu projizieren (wie zum Beispiel in dem Spiel *Pokémon Go*), wird bei der VR die reale Welt vollständig ausgeblendet, damit der Nutzer in eine virtuelle Umgebung abtauchen kann. Nun verschmelzen AR und VR immer mehr, sodass wir ganz in die von Microsoft so genannte *Mixed Reality* abtauchen können. Um all diese Realitäten betreten zu können, benötigen wir bislang Handys, Brillen oder auch **Head-Mounted Displays**.

Head-Mounted Displays (wörtlich „am Kopf befestigte Anzeigen") sind visuelle Ausgabegeräte, die am Kopf getragen werden.

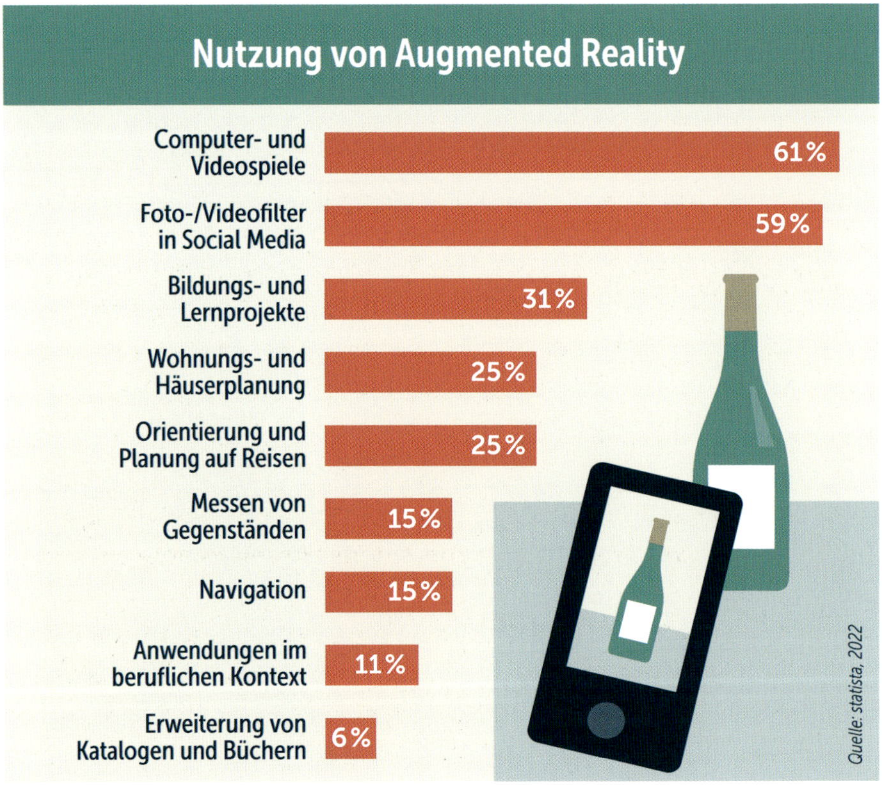

Augmented Reality kann in verschiedenen Bereichen zum Einsatz kommen.

KLIMAWANDEL, KRIEGE und andere KRISEN – langsam, aber sicher wird es auf der Erde für die Menschheit ungemütlich.

Deshalb kommen erste Fluchtgedanken auf. Tesla-Milliardär Elon Musk sieht unsere Zukunft auf dem Mars und gründete prompt das Raumfahrtunternehmen SpaceX. Facebook-Gründer und Milliardär Mark Zuckerberg benannte Facebook kurzerhand in Meta um und zeigte damit an, wohin seine Reise geht: ins **Metaverse**.

Metaverse (deutsch: „Metaversum") setzt sich aus den Wortteilen *meta* (griechisch für „jenseits") und *verse* („Universum") zusammen. Im übertragenen Sinn bedeutet *Metaverse* also so viel wie „jenseits eines uns bekannten Universums".

Was ist das? Eine digitale Parallelwelt, in die wir laut Zuckerberg in zehn oder fünfzehn Jahren einziehen dürfen. Diese Idee ist nicht neu. Bereits 1999 begann Philip Rosedale, die Plattform Linden World (heute Second Life) zu entwickeln. Dabei handelt es sich um eine virtuelle Welt, die von ihren Nutzern gestaltet wird und in der Menschen, vertreten durch Avatare, miteinander interagieren, spielen, Handel treiben und kommunizieren können. Die Avatare können individuell gestaltet werden, außerdem gibt es in Second Life auch eine virtuelle Währung. Diese sogenannten Linden-Dollars können in eine reale Währung (zum Beispiel den US-Dollar) umgewandelt werden. Zwischenzeitlich gab es rund 36 Millionen registrierte Nutzerkonten in Second Life. Doch dann ging es bergab. Rosedale stieg aus, kehrte aber Anfang 2022 zurück und wagt nun einen neuen Anlauf in die virtuelle Welt.

Was klingt wie ein Szenarium aus dem berühmten Science-Fiction-Roman *Brave New World* (1932) von Aldous Huxley, könnte also schon bald Realität werden. Erstmals erwähnt wurde das Metaverse – genauso wie der Begriff „Avatar" – in Neal Stephensons Roman *Snow Crash* aus dem Jahr 1992. Dieser spielt in einer düsteren und kaputten Welt, aus der die Figuren immer wieder ins Metaversum fliehen.

Wie funktioniert das Metaverse?

Experten sehen im Metaverse die Zukunft des Internets, denn damit wäre man wirklich *im* Internet und würde nicht nur wie bisher auf einen Bildschirm gucken (zweidimensional). Das Metaverse ist eine dreidimensionale Internet-Parallelwelt, in der wir zusammen Zeit verbringen können. Dafür erstellst du dir erst einmal einen Avatar – wie in einem Spiel. Der kann genau wie du aussehen oder ganz anders. Außerdem brauchst du eine VR-Brille.

Im Metaverse kannst du andere genau wie beim Zoomen oder über Teams sehen. Aber die digitale Welt geht weiter. Denn du kannst dir dort ein digitales Zuhause einrichten, Räume für Meetings mieten oder kaufen und sogar zur Schule gehen, ohne dass du auch nur einen Fuß vor die Tür setzen musst. Du bist dann mit den anderen in einem Zimmer, gehst mit ihnen auf eine Party oder auf ein Konzert, und das alles in der digitalen Welt.

Dabei setzt Metaverse ganz auf die menschliche Empathie und Vorstellungskraft.

Die Macher hoffen, dass du völlig vergisst, wo du in Wirklichkeit bist: nämlich daheim mit einer Brille vor den Augen.

So könnte Unterricht im Metaverse aussehen.

Genau wie in der realen Welt lässt sich auch im Metaverse mit Grundstücken, Häusern, Kunst und Autos Geld verdienen. Schon jetzt können sich Sammler und Spekulanten NFT (**Non-Fungible Token**) kaufen. Das sind digitale Kunstwerke und Ähnliches, für die du nach dem Kauf eine Art digitales Zertifikat erhältst. Ob ein Haus in Zuckerbergs wunderbarem Metaverse am Ende genauso viel kostet wie ein Haus in der Innenstadt von München, ist fraglich, aber ganz sicher ist:

Non-fungible
bedeutet „nicht austauschbar".

Schon heute werden NFTs im Wert von Millionen Euro gehandelt!

Bezahlt wird im Metaverse nicht in Euros oder Dollars, sondern in der Kryptowährung Ether, denn die NFTs sind Teil der Ethereum-Blockchain. Was eine Blockchain ist? So etwas wie ein Buchhaltungssystem für die Kryptowährung. Du kannst dir die Blockchain als eine Kette von Datenpaketen vorstellen, in denen die Details der Transaktionen zusammengefasst sind – wie etwa Bestellungen, Kontostände oder Überweisungen. Mit der Blockchain lässt sich nachvollziehen, wem welches Kunstwerk gehört und wer wie viel Geld wohin gegeben hat.

NFTs kannst du dir nicht daheim an die Wand hängen, sondern nur in deinem digitalen Zuhause. Ein NFT kann alles sein: ein Bild, Musik, Katzenvideos, Kleidung für deinen Avatar oder ein gif. 2022 ersteigerte ein Kunde im Auktionshaus Christie's das Werk *Everydays: the First 5000 Days* von Mike Winkelmann für unglaubliche siebzig Millionen Dollar.

Dafür bekam er die Bilddatei und den NFT – also die Rechte an dem Bild. Auch Tweets (Höchstpreis 2,9 Millionen Dollar), Grundstücke in Computerspielen (1,5 Millionen Dollar) und Turnschuhe wurden schon verkauft. Für 621 virtuelle Sneaker wurden 3,1 Millionen Dollar bezahlt!

Wie ziehe ich meinen Avatar an?

Wir sind es schon gewohnt, in Spielen wie *Fortnite* für Skins und Outfits Geld auszugeben, damit unsere Avatare gut aussehen. Das geht beim Lebkuchenmann los und endet bei der schießwütigen sexy Läuferin. Für jeden ist etwas dabei. Selbst Skins, die schon längst nicht mehr im Store waren, tauchen plötzlich wieder auf und kosten in der Regel zwischen acht und zwanzig Euro. Auch bei den *Sims* oder in *Minecraft* kannst du deinen Avatar hübsch machen, schließlich lebst du in der digitalen Welt.

Durch die immer größere Verbreitung solcher Spiele und das Entstehen von Metaverse bekam die digitale Modeindustrie einen richtigen Schub, der durch den Ausbruch von Covid-19 im Jahr 2020 noch einmal verstärkt wurde.

Eines der Zentren dieser neuen Mode ist Amsterdam.

Hier sitzt auch das digitale Modehaus *The Fabricant*, das überrealistische Animationen von Kleidungsstücken präsentiert. Firmen wie Tommy Hilfiger und Puma arbeiten mit den Niederländern zusammen. 2018 verkaufte *The Fabricant* sein erstes digitales **Haute-Couture-Kleid** *Iridescence* für 9.500 US-Dollar!

Haute-Couture-Kleider sind einzigartig und daher besonders wertvoll. Sie werden nur auf Anfrage genäht (*Couture*, französisch für „Nähen") und unterscheiden sich damit von der Laufstegmode (dem sogenannten *Prêt-à-porter*) für den Massenmarkt.

Digitale Kleidung wird aber nicht nur von Avataren in Spielen oder im Metaverse getragen. Auch Influencer tun das schon! Befürworter der digitalen Mode feiern sie als Alternative zu *Fast Fashion*. Denn viele Influencer tragen ein Kleidungsstück nur einmal für ein Foto.

Dass es danach in den Müll wandert, könnte durch digitale Kleidung verhindert werden. Außerdem ist die Produktion von Kleidung ein ausgewiesener Umweltkiller. Ein digitales Kleidungsstück verursacht nur zehn Prozent der Umweltbelastung eines „richtigen".

Vielleicht könnte digitale Mode also auch zum Umweltschutz beitragen.

Der **VERKAUF** und **VERLEIH** **DIGITALER MODE** ist auf dem **VORMARSCH** und wird es bleiben,

wenn sich das Metaverse durchsetzen sollte.

Und das könnten dann auch wir selbst für unsere Fotos und Videos auf Instagram oder TikTok nutzen – während wir in Wahrheit in Jogginghose zu Hause hocken.

Kaufen oder ersteigern kannst du die digitale Kleidung in den meisten Fällen fast genauso wie echte: Einmal klicken und das T-Shirt landet im Warenkorb, noch ein Klick und es geht an die Kasse. Aber bevor du bezahlen kannst, musst du zuerst ein Bild von dir hochladen. Auf diesem Foto wird dir das T-Shirt dann sozusagen „digital angezogen". Besonders cool: Solche digitalen Kleidungsstücke können sogar animiert werden!

Bezahlen muss man die digitale Kleidung mit echtem Geld. Das tauscht man vorher in den meisten Fällen in eine digitale Kryptowährung um. Übrigens: Nicht alle virtuellen Kleidungsstücke sind so teuer wie das *Iridescence*-Kleid – die Preise der meisten digitalen Klamotten sind vergleichbar mit denen von echter Kleidung.

Willkommen im Metaverse

Im Metaverse sollen wir uns ein zweites Leben in der digitalen Welt aufbauen können. Davon träumt jedenfalls Facebook-Gründer Mark Zuckerberg. Es soll dort Konzerte geben, du kannst ein Büro oder gleich ein ganzes Haus mieten, dich mit Freunden treffen oder shoppen gehen. Betreten kannst du diese Welt über eine Virtual-Reality-Brille und mithilfe eines Avatars.

… REISEN
… MIETEN/KAUFEN
… FREUNDE
TREFFEN

SOZIALE ROBOTER – WERDEN SIE UNSERE FREUNDE?

„Oma ist in letzter Zeit so oft allein. Aber wir schaffen es einfach nicht mehr, sie jeden Tag zu besuchen", stellt Lio fest. Das macht auch seine Mutter ganz traurig. Aber dann hat Emily eine tolle Idee: „Wir könnten Oma doch einen Lovot kaufen. Das ist ein sozialer Roboter, mit dem sie Zeit verbringen und kuscheln könnte."

Was ist ein sozialer Roboter?

Social Bots sind Softwareprogramme, die automatisch in sozialen Medien liken, haten und mit Fake-Accounts Identitäten vorgaukeln.

Roboter, die für den Umgang mit Menschen, aber auch Tieren gebaut und programmiert werden, nennen wir „soziale Roboter". Sie arbeiten mit Sensoren und Kameras. Einige Forscher zählen auch **Social Bots** und Sprachassistenten zu den sozialen Robotern. Allgemein werden diese aber nicht als Roboter, sondern eher als künstliche Intelligenz empfunden, da ihnen der „Körper" fehlt.

Der Name „Tamagotchi" ist eine Wortschöpfung aus *tamago* (japanisch für „Ei") und *wottchi* (vom englischen *watch*, „Uhr").

Angefangen hat alles 1997 mit einem Ei aus Plastik, das Tamagotchi hieß und so groß wie ein Handteller war. Es hatte einen Bildschirm und ein paar Knöpfe. Bis 2010 wurden 76 Millionen dieser ungewöhnlichen künstlichen Haustiere verkauft. Vom Zeitpunkt des Schlüpfens an musste man sich um die virtuellen Küken wie um echte Haustiere kümmern, denn sie hatten Bedürfnisse wie schlafen, essen und trinken und konnten eine eigene Persönlichkeit entwickeln. Tamagotchis meldeten sich zu unterschiedlichen Zeitpunkten bei ihren Besitzern und verlangten nach Aufmerksamkeit. Häufig führte das zu Stress in der Schule, denn viele Schüler nahmen das Ei mit in den Unterricht. Das wurde allerdings oft verboten, weil die Schüler abgelenkt waren. Doch wer wollte schon sein Ei in der Mathematik- oder Englischstunde sterben sehen? Also wurde es heimlich gefüttert und umsorgt.

Das Tamagotchi war eine Revolution in Sachen sozialer Roboter, weil es zeigte, wie stark sich Menschen mit ihren Gefühlen an einen Roboter binden können. Denn auch wenn es winzig ist und nicht wie ein Roboter aussieht, so kann das Tamagotchi doch zu den Robotern gezählt werden. Die Ei-Besitzer waren regelrecht abhängig von ihren künstlichen Haustieren, weil sie wie lebendige Wesen Hunger hatten und Hilferufe von sich gaben.

Die Entwicklung einer emotionalen Bindung zu Maschinen oder Robotern wird deshalb Tamagotchi-Effekt genannt.

2012 eroberte ein weiteres virtuelles Wesen unsere Herzen: ein kleiner Alien namens Pou, der wie ein Kackhaufen aussah und in der gleichnamigen App ähnlich wie ein Tamagotchi gepflegt und gefüttert werden musste. Kümmerte man sich nicht um Pou, wurde er traurig oder bekam sogar Fieber.

Im Unterschied zum Tamagotchi konntest du mit anderen Pou-Besitzern über die App kommunizieren und Multiplayer-Spiele spielen. Bis heute spuken Pous noch auf dem einen oder anderen Handy herum.

Tamagotchis, Pou und andere künstliche Lebewesen, die in Form kleiner tragbarer Computer oder als Apps daherkommen, nennen wir Lebenssimulatoren. Zu den Lebenssimulatoren zählen auch Spiele wie *Animal Crossing* und *Die SIMS* oder das Metaversum *Second Life*.

Werden wir bald Maschinen lieben?

Für viele Menschen ist es unvorstellbar, privat mit Robotern zusammenzuleben. Das könnte sich aber bald ändern. Denn je mehr Roboter wir in unserem Umfeld haben, desto weniger Berührungsängste haben wir. Hinzu kommt der *Mere-Exposure*-Effekt. Der besagt, dass wir eine Person oder einen Gegenstand umso sympathischer finden, je häufiger wir sie oder ihn sehen. Das merkst du, wenn du einen Schauspieler immer wieder im Kino und auf Social Media siehst. Je öfter du ihn siehst, desto attraktiver wird er. Diesen Effekt beobachten wir auch bei Robotern:

Wir werden Roboter nicht nur akzeptieren, sondern sie sogar mögen.

Übrigens: Wenn uns eine Person schon beim ersten Mal negativ auffällt, verstärkt sich auch das Gefühl der Abneigung, wenn wir die Person häufiger sehen.

Damit Menschen mehr Roboter als Freunde, Begleiter oder Unterstützung für sich entdecken, setzt die Industrie auf drei verschiedene Typen von Robotern: haustierartige Wesen, die wie Hunde bellen oder süß wie Kätzchen sind, Androiden, die uns ähnlich sehen, und Roboter, die wie Spielzeug mit Smiley-Gesichtern ausgestattet sind. Wichtig ist dabei, dass wir die Roboter oder Avatare – und vor allem ihre Gesichter – sympathisch finden.

Eigentlich würde man annehmen, dass wir Robotergesichter umso mehr akzeptieren, je realistischer sie sind. Doch es hat sich herausgestellt, dass das nicht stimmt: Wir finden völlig künstliche Figuren manchmal sympathischer als solche, die besonders menschenähnlich und natürlich gestaltet wurden.

Ab einem bestimmten Niveau der Menschenähnlichkeit fällt die Akzeptanz schlagartig ab. Erst ab einem sehr hohen Grad der Ähnlichkeit steigt sie dann wieder an. Das wird als „Phänomen des unheimlichen Tals" (englisch: *uncanny valley*) bezeichnet. Im Deutschen sagen wir dazu auch „Akzeptanzlücke". Ein bisschen ist das so, wie wenn sich ein alter Mensch extrem jung oder sich ein junger Mensch extrem alt schminkt. In diesen Fällen wirkt das Gesicht auch unheimlich. Heute sind viele moderne soziale Roboter mit einer Art Smiley-Gesicht ausgestattet, um das *Uncanny-Valley*-Phänomen zu vermeiden.

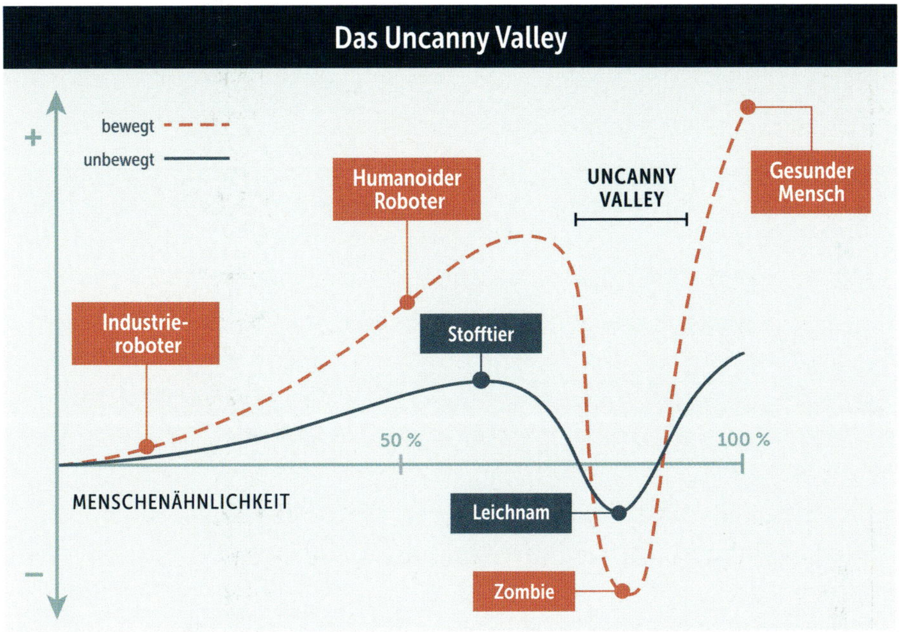

Der *Uncanny-valley*-Effekt wurde erstmals 1970 von dem japanischen Robotiker Masahiro Mori beschrieben.

Inzwischen gibt es auch sogenannte Sexroboter. Diese werden im Gegensatz zu Sexpuppen nur selten für den reinen Geschlechtsakt genutzt, sondern hauptsächlich von Männern (85 Prozent) gekauft, die sich nach einer Beziehung sehnen. Solche Roboter besitzen meist einen weiblichen schlanken Körper, auf dem ein Roboterkopf sitzt. Im Gegensatz zu den Puppen können sie sich mit ihrem Besitzer unterhalten, wobei eine solche Kommunikation nicht mit der Kommunikation mit einem wirklichen Menschen vergleichbar ist.

Haben Roboter Gefühle?

Menschen können Empathie für Roboter entwickeln. Wir haben Mitleid mit ihnen, falls sie geschubst oder schlecht behandelt werden. Aber haben Roboter uns gegenüber auch Gefühle? Nein, sie können sie uns nur vorgaukeln. Dazu nutzen sie ihre Mimik, die durch Elektronik und Mechanik gesteuert wird. Um richtig auf ihr Gegenüber reagieren zu können, müssen Roboter die Stimmungen und Gefühle von Menschen erkennen können.

Das Gute für den Roboter:

Alle Menschen haben bei WUT, ÜBERRASCHUNG, TRAURIGKEIT, EKEL oder GLÜCK ähnliche Gesichtsausdrücke.

Wie gut Roboter in diesem Spiel sind, beweist seit Jahren der humanoide Roboter Sophia. Er kann scheinbar sogar über sein Robotersein „nachdenken" und kluge Gespräche führen. Fast scheint es, als habe er ein Bewusstsein. Über Kameras erkennt er die Mimik seines menschlichen Gegenübers und antwortet entsprechend mit seiner eigenen. Er kann also nicht nur Gespräche führen, sondern auch nonverbal auf seinen Gesprächspartner eingehen.

Immer mehr Menschen fühlen sich einsam.

Das gilt sowohl für ältere Menschen, deren Partner vielleicht schon gestorben ist oder die in einem Pflegeheim leben, als auch für jüngere. Die Industrie hat daher Roboter erfunden, die Menschen Gesellschaft leisten.

Besonders beliebt ist Roboter Pepper, der vor allem in der Altenpflege eingesetzt wird. Er soll alte Menschen unterhalten und dadurch das Pflegepersonal entlasten. Pepper nutzt maschinelles Lernen, um Menschen immer besser betreuen zu können. Wenn ein Pfleger mit einem Senioren auf Toilette geht, so kann Pepper die Übrigen mit Witzchen oder einfacher Konversation beschäftigen, ihnen die Zeitung vorlesen und mit ihnen spielen. Pepper ist also eigentlich eher ein Unterhaltungs- als ein Pflegeroboter. Er wird inzwischen nicht mehr produziert, sein Nachfolger ist aber schon in Arbeit.

Pepper ist ein humanoider Roboter, der auch in Verkaufsräumen eingesetzt wird.

Der Lovot folgt dem japanischen Ästhetikkonzept *kawaii*, was so viel bedeutet wie „süß", „kindlich" oder „liebenswert".

Der Lovot gehört zu den „Kuschelrobotern". Sein Name ist eine Kombination aus den Begriffen *Love* und *Robot*. Er erinnert ein wenig an einen Teletubby, kann Geräusche von sich geben, seinen Besitzer anschauen und ist einfach niedlich. Seine Aufgabe besteht darin, geliebt zu werden. Und das macht er so gut, dass er in Japan schon reihenweise Herzen gebrochen hat.

Die Teletubbies waren rundliche (engl. *tubby*) einfarbige rote, grüne, gelbe und lilafarbene plüschige Wesen, die ab 1997 im britischen Rundfunk BBC auf Sendung gingen und die Kleinkinderherzen weltweit eroberten. Sie haben einen aufgemalten Bildschirm auf dem Bauch, eine Antenne auf dem Kopf und hüpfen durch einen unendlichen Garten.

Warum ist Kontakt so wichtig?

Wenn wir gelobt werden,
stellt sich ein positives Gefühl
bei uns ein – egal, ob das Lob
von einem Menschen
oder von einem Roboter kommt.

Das liegt daran, dass unser Hirn bei einem Lob, aber auch bei Berührungen Glückshormone wie Dopamin und Oxytocin ausschüttet. Übrigens: Dopamin produzierst du auch, wenn du eine Eins in der Schule schreibst oder ein Freund deinen Post likt – einfach bei jedem Erfolg. Auch beim Knutschen wird Dopamin ausgeschüttet genauso wie beim Genuss von Schokolade.

Die Frage ist nur, ob wir uns Dopamin durch den Kontakt mit einem Roboter holen sollten.

Ist es gut, wenn wir statt Freunden Roboter haben? Oder führt das einsame Menschen auf Dauer nur weiter in die Isolation? Manche Wissenschaftler sehen in sozialen Robotern, die du knuddeln und streicheln und mit denen du dich unterhalten kannst, eine Chance für Menschen, die Probleme damit haben, Beziehungen zu anderen Menschen aufzubauen.

Durch das Zusammensein mit Robotern könnten sie das Zusammenleben erlernen. Das ist allerdings fraglich, denn am Ende ist ein Mensch ein ebenbürtiger Partner, während du einen Roboter jederzeit ausschalten kannst, wenn dir etwas nicht passt.

Außerdem hat ein Roboter keine eigene Persönlichkeit.

Er spielt uns quasi einen perfekten Freund vor und lobt uns. Ein wenig erinnert dies an die Filterblase auf Social Media oder bei Google. Alles ist so schön, weil alles so läuft, wie ich es will. Weil alle meine Meinung haben und ich immer bestätigt werde – nur eben von einem Roboter. Und du kannst dir sicherlich vorstellen, welchen Einfluss ständige Bestätigung auf die Psyche einiger Menschen haben könnte.

Allerdings gibt es einen Roboter, der für Menschen, die kaum kommunizieren können, eine große Hilfe sein kann. Sein Name ist Wheelie 7 (*Wheelie* bedeutet auf Deutsch „Rolli"), was schon darauf hindeutet, dass er für Menschen im Rollstuhl konstruiert ist.

Wheelie 7 ist ein Hightech-Rollstuhl.

Er erkennt mittels KI die Mimik des Fahrers und lernt daraus, was er oder sie möchte. Streckt sie ihm die Zunge raus, so fährt er rückwärts, blinzelt sie, so biegt er ab und so weiter. Die einzelnen Befehle können individuell eingestellt werden. Mit Wheelie 7 können sich Menschen fortbewegen, die weder Arme noch Beine noch den Kopf bewegen können. Er ist ihre Brücke zum Leben in der Gemeinschaft.

Interessant: Die bisherigen Erfahrungen zeigen, dass die meisten Wheelie 7-Nutzer zum Vorwärtsfahren gerne den Kussmund als Geste benutzen.

Die Entwicklung der sozialen Roboter

Seit sich Ende der 1990er-Jahre Millionen von Menschen um ein Ei aus Plastik gekümmert haben, sind immer neue soziale Roboter entstanden. Eine Auswahl von unterschiedlichen technischen Begleitern findest du hier.

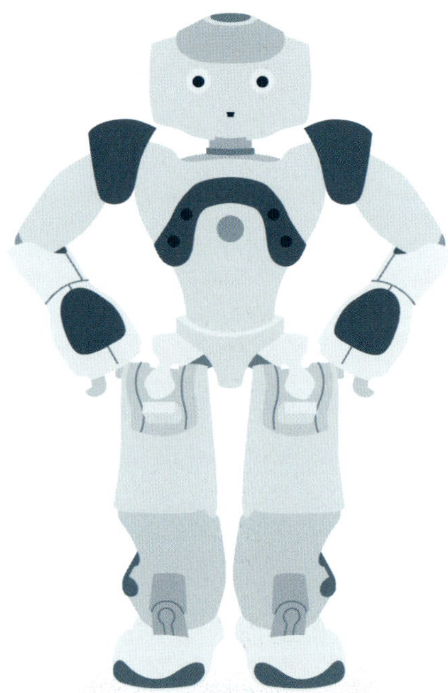

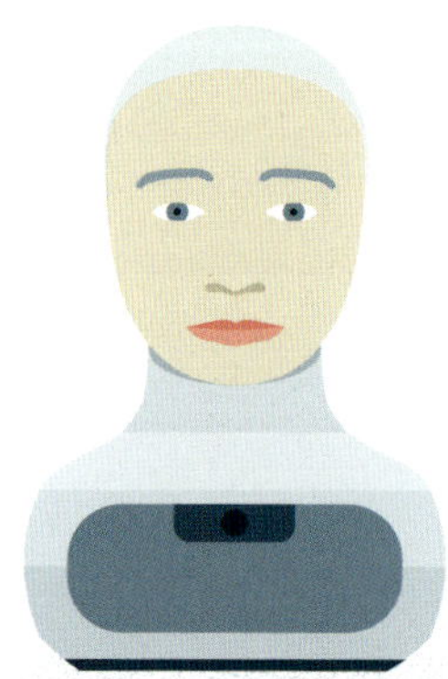

1997

Tamagotchi

Das Tamagotchi war so groß wie die Handfläche eines Kindes. Es stellte ein virtuelles Küken dar, um das man sich vom Zeitpunkt des Schlüpfens an kümmern musste, damit es nicht stirbt.

2006

NAO

Der NAO ist ein humanoider Roboter, der für den Einsatz beim RoboCup (einem Roboterfußball-Wettkampf) konzipiert wurde.

2011

Furhat

Dank seines menschenähnlicher Gesichts, seiner Gestik und Mimi können wir leicht mit dem Furha kommunizieren. Besonders wicht dafür: Er kann Emotionen zeiger und Augenkontakt halten.

21 %

JEDER FÜNFTE

Mensch in Deutschland glaubt, dass es zukünftig normal sein wird, sich in Maschinen mit künstlicher Intelligenz (KI) zu verlieben.

2012

Pou

Der kleine Kackhaufen muss in einer App gehegt und gepflegt werden, damit er nicht traurig oder krank wird.

2014

Pepper

Pepper wird zwar nicht mehr produziert, ist aber nach wie vor viel im Einsatz – zum Beispiel hilft er Lesern in Bibliotheken oder unterhält in Altersheimen die Senioren.

2019

Lovot

Dieser Roboter hat keine besonderen Funktionen – außer niedlich zu sein und seinem Besitzer Freude zu bringen.

Quelle: Gesellschaft für Informatik

WIE FUNKTIONIERT KOMMUNIKATION?

„Kannst du nicht klar sagen, was du willst?" Lio ist sauer auf seine Schwester, weil sie sauer auf ihn ist. Er hat das Telefonat mit seiner Mutter schon beendet, obwohl Emily ihm signalisiert hatte, dass sie auch noch mit ihr reden wollte.

Was ist Kommunikation?

Lio und Emily haben ein Kommunikationsproblem und sind beide schlecht gelaunt. Wenn so etwas schon Menschen untereinander passiert, wie soll dann ein Roboter oder eine KI konfliktlos mit Menschen kommunizieren? Ein Lösungsweg könnten Kommunikations**modelle** sein. Uns Menschen helfen sie auf alle Fälle, damit wir uns nicht so oft missverstehen.

Modell: ein verkürztes Abbild der Wirklichkeit

Allgemein gesagt brauchen wir für eine Kommunikation zwei Menschen, die Informationen miteinander austauschen. Es wird unterschieden zwischen:

* verbale Kommunikation: Inhalte in geschriebener und gesprochener Sprache
* nonverbale Kommunikation: Gestik (zum Beispiel Nicken), Mimik (zum Beispiel Gähnen) und Körperhaltung (zum Beispiel Wegdrehen)
* paraverbale Kommunikation: Tonfall, Lautstärke, Sprechtempo, Artikulation, Sprechpausen, Stimmlage

Mit der nonverbalen Kommunikation bestärken oder entkräften wir häufig das Gesagte (zum Beispiel durch Gähnen). Manchmal ersetzt sie die verbale Kommunikation komplett (zum Beispiel schweigen, wütend gucken oder den Weg anzeigen) oder hilft dabei, Gefühle auszudrücken. Auch kann sie die eigene Einstellung zum Gesprächspartner und der Situation vermitteln (zum Beispiel gähnen oder erwartungsvoll schauen).

Kommunikationsprobleme wie bei Lio und Emily nennen sich Kommunikationsstörungen.

Sonderfall: Was ist mit dem Duft?

Wir können nicht nur verbal oder nonverbal mit unserem Umfeld kommunizieren, auch Gerüche spielen dabei eine Rolle. Dabei geht es nicht um das Auflegen eines Parfüms, sondern um den körpereigenen Duft, der unterbewusst wahrgenommen wird und der zum Beispiel bei der Partnerwahl eine große Rolle spielt.

Früher klemmten sich beispielsweise junge Männer ihr Einstecktuch, das in der Brusttasche ihres Jacketts steckte, vor dem Tanzen kurz unter den Arm. So konnten Frauen beim Tanz diesen Duft intensiver wahrnehmen. Das ist wichtig, weil über den Duft Pheromone – das sind bestimmte Botenstoffe – verbreitet werden. Pheromone sind sozusagen molekulare Shuttles, die sich in Körperflüssigkeiten wie Schweiß befinden und die uns mitteilen, ob ein potenzieller Partner genetisch zu uns passt.

Auch die Kommunikation zwischen einer Mutter und ihrem Baby wird stark von Düften und Hormonen geprägt. Eine Kommunikation kann also auch von Gerüchen beeinflusst werden. Das geschieht unterbewusst, deshalb lässt sich ein solcher Fall nicht in eins der gängigen Kommunikationsmodelle einordnen. Trotzdem ist aber auch das Riechen in gewissen Momenten eine Art der Kommunikation.

Was ist das Sender-Empfänger-Modell?

Das grundlegende Modell der Kommunikation, das verbale, nonverbale und paraverbale Kommunikation beinhaltet, stammt von den Mathematikern Claude Shannon und Warren Weaver. Sie gehen davon aus, dass es zu Beginn der Kommunikation einen Gedanken gibt, der vom Sender formuliert („codiert") wird. Der Code, der die Botschaft übermittelt, kann aus Sprache, Schrift oder Körpersprache bestehen. Der Empfänger entschlüsselt („decodiert") das Signal, reagiert darauf und wird so selbst zum Sender. Nun beginnt der Kreislauf von vorn.

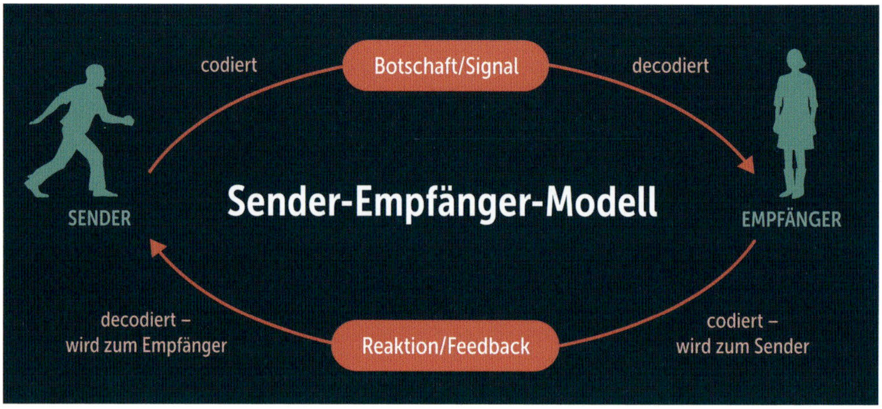

Das System von Codierung und Decodierung kann jedoch gestört sein und damit auch die Kommunikation.

Das kann folgende Gründe haben:

* Sprache: Empfänger versteht den Sender nicht, weil er eine andere Sprache spricht.
* Lärm: Es ist zu laut in der Umgebung.

* Unterschiedliche Voraussetzungen: Sender und Empfänger haben unterschiedliches Wissen.
* Kultur: Sender und Empfänger kommen aus unterschiedlichen Kulturen und haben deshalb verschiedene Voraussetzungen (zum Beispiel schaut man sich in der einen Kultur aus Respekt nicht in die Augen, in der anderen aber schon).
* Fehlende Aufmerksamkeit: Der Empfänger ist müde oder hat kein Interesse am Inhalt des Kommunizierten.

Auch diese Dinge können dazu beitragen, dass eine Kommunikation schiefläuft:

* Stille-Post-Effekt: Eine Botschaft ändert sich, wenn sie von Person zu Person weitergegeben wird (häufig mündlich). Oder wenn jemand einen Text abschreibt und dabei Fehler macht.
* Nicht verstandener Witz: Der Sender macht einen Scherz, aber der Empfänger versteht ihn falsch und nimmt ihn ernst.
* Doppeldeutigkeit: Die Botschaft kann mehrere Bedeutungen haben.

All diese Störungen können zu einem Streit führen.

Was ist das Vier-Seiten-Modell?

Das Vier-Seiten-Modell (auch Nachrichten-Quadrat genannt) von Friedrich Schulz von Thun unterscheidet bei jeder „Nachricht" in einer zwischenmenschlichen Kommunikation zwischen vier Aspekten. Mit „Nachricht" ist dabei nicht nur der Inhalt einer Aussage gemeint, sondern die gesamte Botschaft, die aus sprachlichen und nicht-sprachlichen Teilen besteht.

Das Vier-Ohren-Modell beschreibt das Nachrichten-Quadrat aus Sicht des Empfängers.

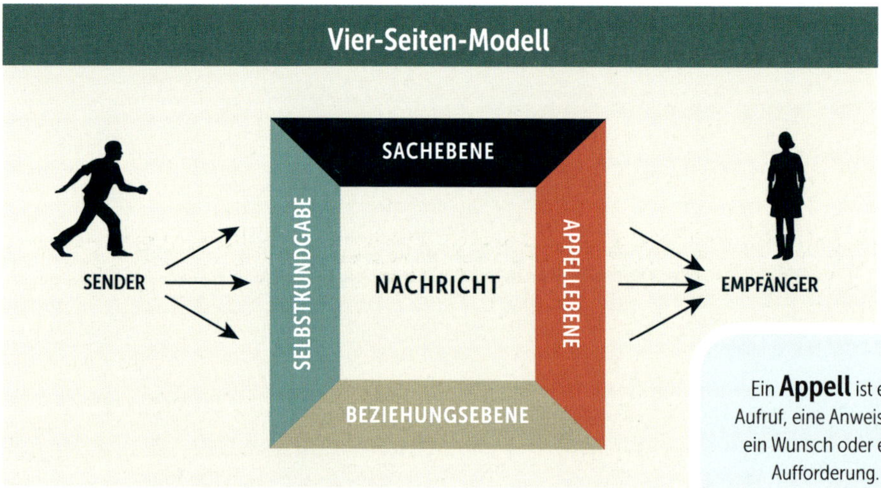

Ein **Appell** ist ein Aufruf, eine Anweisung, ein Wunsch oder eine Aufforderung.

Sachaspekt (blaue Seite):
Worüber informiert der Sender den Empfänger?

Selbstkundgabe (grüne Seite):
Was gibt der Sender von sich selbst kund? (Ich-Botschaften)

Beziehungsaspekt (gelbe Seite):
Was hält der Sender vom Empfänger und wie bewertet er die Beziehung zu ihm?

Appellaspekt (rote Seite):
Wozu möchte der Sender den Empfänger veranlassen?

Wichtig ist: Ganz oft kannst du Dinge direkt oder indirekt sagen. „Ich mag Kuchen!" kann zum Beispiel heißen, dass du gern Kuchen isst. Oder es bedeutet „Ich habe Hunger." Um Missverständnisse zu vermeiden, solltest du dich klar ausdrücken. Sonst kann es zu Streit kommen.

Was ist das Eisberg-Modell?

Das Eisberg-Modell zeigt, dass zwischenmenschliche Kommunikation aus einer Sach- und einer Beziehungsebene besteht. Nur etwa zwanzig Prozent eines Eisbergs befinden sich über Wasser, die restlichen achtzig Prozent sind unter Wasser. Bei der Kommunikation ist es ähnlich. Nur zwanzig Prozent spielen sich auf der bewussten, sichtbaren Sachebene ab. Das sind alle Fakten und Informationen, die du deinem Gesprächspartner sagen möchtest. Achtzig Prozent der Kommunikation läuft aber auf der unbewussten, unsichtbaren Beziehungsebene. Dazu gehören deine Gefühle, Stimmungen, Wünsche, Wertvorstellungen, Erfahrungen, Bedürfnisse und Ängste.

Es zählt also weniger der Inhalt des Gesagten als vielmehr, wie etwas gesagt wird.

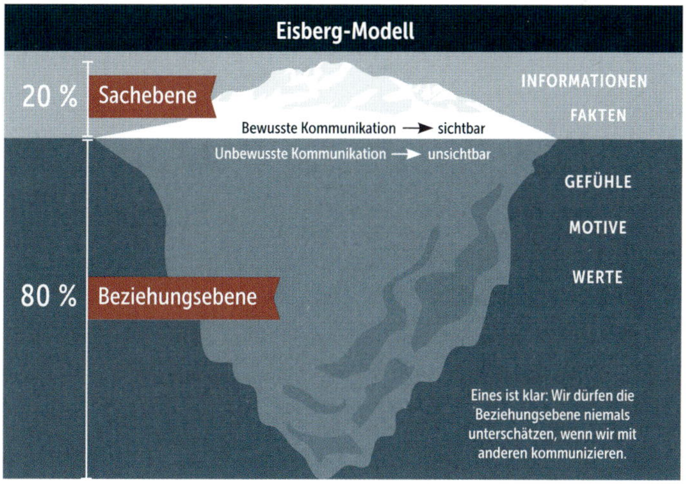

Extrem wichtig ist dabei die Beziehung der Personen untereinander sowie Mimik, Gestik und Tonfall.

Probleme auf der Sachebene entstehen, wenn du etwas nicht richtig verstehst oder einen Moment unaufmerksam bist. Sie lassen sich gut durch Nachfragen oder aufmerksameres Zuhören auflösen.

Konflikte auf der Beziehungsebene sind meist tiefergehend. Sie lassen sich nur durch Empathie, also dein Einfühlungsvermögen, lösen. Dabei musst du versuchen, dich in die Situation des anderen zu versetzen und Rücksicht zu nehmen.

Was ist das Organon-Modell?

Der griechische Philosoph Sokrates (470–399 v. Chr.) bezeichnete die Sprache vor über 2.000 Jahren als ein Organon (Werkzeug). Der Denkpsychologe Karl Bühler (1879–1963) bezog sich darauf, als er sein Organon-Modell der Kommunikation entwickelte.

Laut Bühler gibt es in einer Kommunikation neben dem Sender (Sprecher), der den Sachverhalt darstellt, noch den Empfänger (Zuhörer), der den Sachverhalt wahrnimmt, und den Sachverhalt selbst. Damit ist das gemeint, was der Sender dem Empfänger mitteilen möchte.

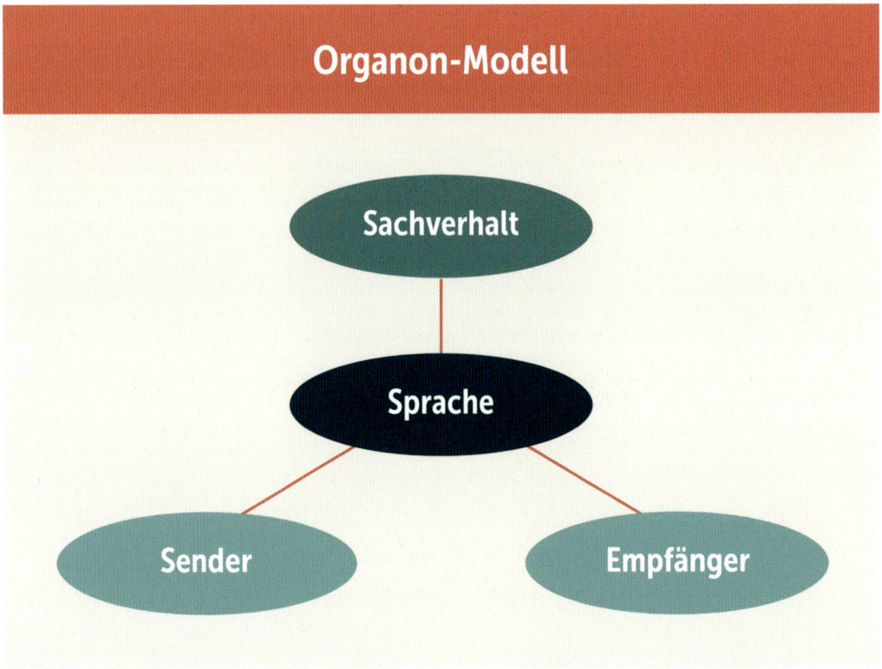

Verbunden sind diese drei Teile durch die Sprache. Sprache ist hier also das Werkzeug (Organon), mit dem der Sender dem Empfänger einen Sachverhalt vermittelt.

Die sprachlichen Zeichen haben wiederum drei Funktionen:

Ausdrucksfunktion: Dazu gehören die eigenen Gefühle und Meinungen, die du durch Sprache ausdrückst. Sie werden als „Symptome" des Senders bezeichnet. Ein Beispiel hierfür wäre der Satz „Ich friere". Damit deutest du indirekt an, dass der Empfänger entweder die Heizung höher drehen oder dir einen Pulli geben soll.

Darstellungsfunktion: Das sprachliche Zeichen wirkt als Symbol für einen Sachverhalt. Du sagst deinem Gegenüber nicht, dass du frierst, sondern deutest es nur durch ein Symbol an: „Mein Pulli liegt in der Kommode." In diesem Fall muss sich dein Gegenüber denken, das du frierst.

Appellfunktion: Du appellierst an den Empfänger, etwas zu tun. Du sagst: „Hol mir bitte den Pulli." Diese Botschaft ist ganz eindeutig und dein Gegenüber muss nicht überlegen, was du meinst.

Im Organon-Modell hat jedes sprachliche Zeichen immer diese drei Funktionen, eine der Funktionen sticht aber in der konkreten Kommunikation jeweils hervor.

Um das zu verdeutlichen, bleiben wir bei der Geschichte vom Frieren und vom Pulli in der Kommode. Würde der Sprecher sagen: „Gib mir den Pulli", so stünde die Appellfunktion im Mittelpunkt und die Darstellungs- und Ausdrucksfunktionen wären dem untergeordnet. Der Sprecher sagt ganz direkt, was er möchte. Sagt er: „Mein Pulli liegt in der Kommode", dann gibt er lediglich an, wo der Pulli liegt, und stellt dies dar (Darstellungsfunktion). Sagt er aber: „Ich friere", steht die Ausdrucksfunktion im Mittelpunkt. Denn er gibt eindeutig zu verstehen, dass ihm kalt ist und er es gerne wärmer hätte.

Wichtig ist: Unabhängig davon, welche Variante der Sender wählt, möchte er, dass ihm der Empfänger bei seinem Problem hilft und er nicht mehr friert.

Was sind die fünf Grundsätze von Watzlawick?

Wer sich mit Kommunikation beschäftigt, der kommt an dem österreichischen Kommunikationswissenschaftler Paul Watzlawick (1921–2002) nicht vorbei. Watzlawick hat fünf Axiome – also Grundsätze – für die Kommunikation aufgestellt. Sie lauten wie folgt:

1. Man kann nicht nicht kommunizieren.
2. Jede Kommunikation hat einen Inhalts- und einen Beziehungsaspekt.
3. Kommunikation ist immer Ursache und Wirkung.
4. Menschliche Kommunikation bedient sich analoger und digitaler Modalitäten.
5. Kommunikation ist symmetrisch oder komplementär.

Axiom 1

Versuche mal, nicht zu kommunizieren! Du wirst schnell feststellen, dass das nicht geht, denn du kannst nicht nicht kommunizieren. Nehmen wir an, du gehst eine Straße entlang und schaust nur auf den Boden, schaust niemanden an. Du selbst bist dir keiner Kommunikation bewusst, aber die anderen denken, dass du nicht mit ihnen reden möchtest. Das kommunizierst du mit deinem wortlosen Verhalten (nonverbale Kommunikation).

> Verbales Verhalten geschieht durch Worte, nonverbales Verhalten durch Gestik, Mimik, Passivität etc.

Axiom 2

Jede Kommunikation hat einen Inhalts- und einen Beziehungsaspekt. Bei Ersterem geht es um die Sachebene, bei Letzterem um die Beziehungsebene, also etwa darum, ob du eine Person magst oder in welcher Stimmung du gerade bist. Häufig drückst du dies durch Gestik, Tonfall und Mimik aus, während Sachinformationen im Gespräch meist durch Worte wiedergegeben werden. Wichtig ist, dass die Beziehung auch Einfluss auf die Sachebene hat. Jemandem, den du nicht magst, willst du vielleicht auch nicht so viel erklären.

Axiom 3

Wenn du kommunizierst, löst du damit eine Reaktion deines Gegenübers aus – und umgekehrt. Das kann auch beiderseitiges Schweigen und Passivität sein. Aber deutlicher wird es in einem Gespräch wie dem folgenden. Du sagst: „Hallo!" Der andere sagt: „Doppelt hallo!" Du lachst. Er lacht. Das funktioniert aber auch in die negative Richtung. Wenn du zu jemandem mit schlechter Laune sagst: „Ich räume die Spülmaschine aus", könnte er das als Vorwurf auffassen, weil er schon länger nicht mehr die Spülmaschine ausgeräumt hat. Dann guckt er sauer und daraufhin auch du und so weiter.

Axiom 4

Watzlawick versteht vermutlich etwas anderes unter „digital" als du. Für ihn sind Sprache und Schrift digital, also die verbale Kommunikation, mit der Inhalte gut ausgetauscht werden können. Die nonverbale Kommunikation wie Mimik und Gestik ist für ihn analog und kann vom Gesprächspartner nicht so genau gelesen werden. Ein Beispiel: Du kommst gut gelaunt (analog) nach Hause. Deine Mutter vermutet, dass du eine gute Note geschrieben hast. Erst als du ihr sagst (digital), dass du den Streit mit deinem besten Freund beilegen konntest, weiß sie, was passiert ist.

Axiom 5

Hier geht es um die Stellung der beiden Gesprächspartner zueinander. Wenn du dich mit deinem Freund unterhältst, sprechen wir von einer symmetrischen Kommunikation. Im Gespräch mit deinem Lehrer befindest du dich als Schüler in der Regel in einer komplementären Kommunikation, da du ihm untergeordnet bist – zumindest in der Schule. Die Art der Kommunikation kann aber jederzeit wechseln.

Was ist gewaltfreie Kommunikation?

Wer Missverständnisse und Streit vermeiden möchte, der muss nicht nur darauf achten, was er sagt, sondern auch darauf, wie er es sagt. Der US-Amerikaner Marshall B. Rosenberg hat das am eigenen Leib erfahren. Als jüdischstämmiger Jugendlicher wurde er in den 1940er-Jahren oft ausgegrenzt. Gleichzeitig sah er, wie Konflikte zwischen Menschen unterschiedlicher Hautfarben immer wieder aufflammten.

Rosenberg entwickelte später als Psychologe das Konzept der Gewaltfreien Kommunikation (kurz: GFK). Dies soll Menschen dabei helfen, einfühlsam (empathisch) dem anderen zuzuhören und selbst ehrlich und klar die eigenen Bedürfnisse gegenüber dem Zuhörer zu formulieren.

Um dieses Ziel zu erreichen, schlägt Rosenberg vier Schritte vor:

1. Beobachtung: Drücke nur aus, was du wahrnimmst: „Du trittst mich jetzt zum vierten Mal unter dem Tisch. Ich bin deshalb schon weiter weggerückt."
2. Gefühl: Äußere deine Gefühle im Zusammenhang mit dem, was du beobachtest: „Ich fühle mich unwohl, wenn du mich trittst. Für mich ist das kein Spiel, ich will mich im Unterricht konzentrieren." Verzichte möglichst auf Schuldzuweisungen und pauschale Urteile. Sie führen nicht weiter. Frage dein Gegenüber besser, was mit ihm los ist.

3. Bedürfnis: Mache deinem Gegenüber klar, was du möchtest: „Ich will in Ruhe im Unterricht aufpassen."

4. Bitte: Bitte dein Gegenüber, dass es sich anders verhält, drohe ihm aber nicht mit einer Strafe: „Kannst du mich bitte jetzt in Ruhe lassen?" Je nach Fall kannst du auch konkrete dauerhafte Absprachen treffen, damit es künftig besser läuft.

Es scheint dir vermutlich schwierig, Marshall B. Rosenbergs Modell der GFK auf deine alltägliche Situation in der Schule anzuwenden, da einige Kinder nicht vernünftig darauf reagieren, sondern einfach nur Streit wollen. (Das ist übrigens ein generelles Problem in der Gesellschaft. Denn auch Erwachsene verhalten sich nicht immer einsichtig.) Aber Rosenbergs Weg bietet dir eine gute Möglichkeit, friedlich mit anderen zu kommunizieren. Probiere es einfach ab und zu aus. Du wirst dir dadurch auch deiner eigenen Bedürfnisse bewusster.

Rosenbergs Lieblingstier war die Giraffe. Deshalb nutzte er sie in seinen Vorträgen oft als Handpuppe. Die Giraffe ist zum Symboltier für Gewaltfreie Kommunikation geworden, da sie ein großes Herz hat – also empathisch ist – und stets weitsichtig handelt, weil sie durch ihren langen Hals einen guten Überblick hat.

Tipps für konfliktfreie Kommunikation

Eigentlich ist es leicht, eine konfliktfreie Kommunikation aufzubauen. Wir müssen dafür nur ein paar Regeln beachten.

Doppelt hallo!

HABE RESPEKT vor deinem Gesprächspartner: Höre ihm zu und unterbrich ihn nicht.

SENDE KLARE BOTSCHAFTEN, um Missverständnisse zu vermeiden.

VERMEIDE VORWÜRFE, damit dein Gesprächspartner offen bleibt.

WARTE DEN RICHTIGEN MOMENT AB, zwinge niemandem ein Gespräch auf.

MACHE ICH-AUSSAGEN, damit dein Gesprächspartner deine Gefühle, Bedürfnisse und Ängste verstehen kann.

DATEN, DATEN ÜBER ALLES

„Die wissen doch sowieso alles über mich", sagt Lio. „Mir ist das egal." Seine Schwester sieht das ganz anders. Sie will nicht, dass Apple, TikTok und Amazon alles über sie wissen. Und sie fragt: „Was machen die überhaupt mit meinen Daten?"

Woher kommen unsere Daten?

Wir produzieren ständig Daten. Unser Handy registriert, wo wir gehen und stehen, was wir bestellen, welchen Film wir schauen, ob wir eine Liebesszene mehrmals sehen, wie lange und mit wem wir chatten, wie unsere Schrittfrequenz oder unser Puls ist, was wir googeln und einkaufen. Und auch Geräte wie Saugroboter, Rasenmäher und sogar der Kühlschrank sammeln unsere Daten und werden irgendwann Teil des **Internets der Dinge** sein.

Über WLAN sollen künftig Küchengeräte, Autos, E-Scooter und die Heizung miteinander verbunden sein, damit sie kommunizieren können. Das nennt man **„Internet der Dinge"**.

In der Informationsgesellschaft sind Informationen wichtig. Mit diesen kann Geld verdient werden. Nehmen wir an, jemand kauft sich einen Hund. Dann kann man ihm auch Hundefutter oder eine Leine anbieten. Oder du veränderst deinen Heimatort auf Google Maps und fährst zu eurem neuen Haus. Dann könnte man dir vielleicht auch einen Rasenmäher verkaufen.

Das Wort **Microtargeting** setzt sich aus dem griechischen Wort *mikrós* für „klein" und dem englischen *target* für „Ziel" zusammen. Das bedeutet: Die Werbung kann dich persönlich ganz gezielt beeinflussen.

Das nennt man **Microtargeting**. Früher mussten Werbefirmen damit vorliebnehmen, dass sie in einer Zeitung eine Annonce schalteten oder eine Werbeplakatwand mieteten. Das hat den Nachteil, dass es einen Streuverlust gibt. Das heißt: Viele Menschen, die diese Werbung sehen, haben überhaupt kein Interesse an dem Produkt. Nehmen wir an, du bewirbst eine neue Version von GTA, aber die Person hat überhaupt keinen Computer oder spielt nie. Da ist es doch viel geschickter, nur derjenigen Person die Werbung zukommen zu lassen, die gerne spielt und die auch die Möglichkeit dazu hat. Und genau das geht über Social Media. Du bekommst also via Microtargeting exakt für die Dinge, die dich interessieren, Werbung auf dein Handy.

Spezialfall Meta

Zum Meta-Konzern gehören Firmen wie WhatsApp, Instagram und Facebook. Damit bündelt er eine ungeheure Datenmacht. Schließlich geben viele Menschen auf den Plattformen ganz viele private Daten preis. Inhaltliche Daten darf Meta nicht zwischen den einzelnen Firmen austauschen. Facebook erfährt also zum Beispiel nicht, was du auf WhatsApp schreibst. Aber mit wem und wie lange du schreibst und wie lange du auf Instagram unterwegs bist, das weiß Facebook. Denn diese sogenannten Metadaten dürfen zwischen den einzelnen Firmen ausgetauscht werden. Facebook kennt also dein Verhalten – und kann diese Daten auch an andere verkaufen.

Besonders kritisch ist der Einsatz von Microtargeting, wenn es um politische Einstellungen geht. Ein potenzieller Wähler kann beispielsweise auf Facebook, Instagram oder TikTok Informationen von einer Partei bekommen, der er folgt. Diese Partei schickt dem Wähler aber keine Informationen, von denen sie weiß, dass sie ihm nicht gefallen. Dann wählt er am Ende eine Partei, die ihn mit auf ihn zugeschnittenen Infos geblendet hat.

Metadaten liefern zusätzliche Details zu Informationen (Beispiele: Aufnahmezeitpunkt eines Fotos oder Videos). Achtung: Sie sind nicht zu sehen und werden deshalb von „normalen“ Nutzern nicht bewusst wahrgenommen.

Ist das Auto eine Überwachungsmaschine?

Je intelligenter die Autos werden, desto mehr wissen sie auch über uns. Zig Kameras kontrollieren Innen- und Außenraum, Sensoren überprüfen, wann du die Tür öffnest, und lassen deinen Wagen die Spur halten. Das ist bequem und erhöht die Sicherheit, aber die Überwachung hat eine Kehrseite.

Laut dem Allgemeinen Deutschen Automobil-Club (ADAC) spionieren unsere Autos uns aus. Nicht nur, wenn du am Lenkrad sitzt, checken dich die Kameras ab, ein Tesla filmt zum Beispiel im Wächtermodus (Parken) auch Passanten.

Das ist in der Regel strafbar.

Der Fahrzeughalter könnte diesen Modus zwar abschalten, tut es aber häufig nicht. Das ist wie bei den AGB von Handy-Apps etc., in die du einfach einwilligst, damit du deine Ruhe hast und keinen Service verpasst. Und wenn du erst fährst, bläst ein wahrer Datensturm bei Mercedes, BMW & Co. durchs Blech. Das vernetzte Auto mit all seiner KI sammelt immer mehr Daten von Fahrer und Mitfahrern.

Kameras verraten viel über das Fahrverhalten.

Ob der Fahrer ab und an in Sekundenschlaf fällt, ob er nervös ist oder entspannt, wie viele Kinder mitfahren, wer am Steuer sitzt und ob er sich von seinem Mitfahrer gerne ablenken lässt – das alles merkt sich das „intelligente" Auto. Wer häufig dem Motor richtig einheizt, den erkennt der Algorithmus als Raser. Wenn dazu noch die elektromotorische Gurtstraffung beim Bremsvorgang ab und an anschlägt, ist klar, dass der Fahrer risikofreudig unterwegs ist. Selbst über den Füllzustand vom Wischwasser lassen sich Rückschlüsse auf den Charakter des Halters machen: Ist er ordentlich? Oder macht er alles auf den letzten Drücker? Wenn jemand immer Billigtankstellen anfährt, obwohl sie nicht in der Nähe seines Heimatortes sind, lässt das Rückschlüsse auf seine finanzielle Situation zu. Und wenn häufig die Position des elektrisch verstellbaren Fahrersitzes geändert wird, dann kann der Hersteller davon ausgehen, dass unterschiedliche Fahrer am Steuer sitzen. Du siehst:

DIE GRENZEN DER ÜBERWACHUNG

sind nach oben offen.

Was genau geschieht mit den Daten?

Welche Rückschlüsse werden gezogen? Darüber können wir nur spekulieren. Problematisch ist die Entwicklung der Digitalisierung auch für freie Reparaturwerkstätten. Denn diese sind davon abhängig, dass ihnen der Hersteller erlaubt, das Fahrzeug auszulesen. In manchen Fällen müssen sie dafür sogar zahlen. Dadurch können sie ihre Leistung nicht mehr so preiswert anbieten und mehr Autofahrer werden an teure Vertragswerkstätten gebunden.

Könnte so das Auto der Zukunft aussehen?

Was ist die Gefahr von Big Data?

Alle reden davon, dass wir unsere Daten besser schützen sollten, um nicht zum Spielball für die Werbewirtschaft und die Politik zu werden. Doch in einer Welt, die immer weiter digitalisiert wird, scheint das fast unmöglich. Google weiß ohnehin alles von uns und selbst der Kühlschrank kennt demnächst unsere Essgewohnheiten.

Einige von uns resignieren daher. Andere dagegen glauben, dass sie ihre Daten noch selbst in der Hand haben. Dabei wissen wir doch eigentlich:

Je besser man einen Menschen kennt, desto besser kann man ihn manipulieren.

Und das ist auch der Werbeindustrie bewusst. Wenn der Werbetreibende weiß, dass du gerade urlaubsreif bist, muss er dir nur die richtige Reise anbieten und schon schnappst du sehr wahrscheinlich zu. Und falls die Werbewirtschaft weiß, dass Jugendliche gern Spiele mit bestimmten Inhalten zocken, dann wird ihnen bei Instagram, YouTube oder auf anderen Plattformen wahrscheinlich genau für diese Spiele Werbung angezeigt. Du erkennst bestimmt das Problem:

Die **WERBEWIRTSCHAFT** bestimmt, was wir **KONSUMIEREN.**

Das war zwar schon immer so, aber mithilfe der gesammelten Daten kann Werbung noch genauer auf jeden Einzelnen zugeschnitten werden.

Vergleichen wir das mit einem Spaziergang im Wald. Du biegst mal dort ab und mal da. Dabei verfolgen die Bäume nicht die Absicht, dich in eine bestimmte Richtung zu lenken. Im Internet ist es anders. Du wirst ständig dazu ermutigt, den einen oder den anderen Weg einzuschlagen, das eine oder andere Produkt zu kaufen.

Im Netz suchst du nicht nur nach Produkten, du bist selbst auch das Produkt – egal, ob du bei Google nach dem Weg suchst oder eine Reise buchst.

Gefährlich wird es, wenn **Big Data** missbräuchlich eingesetzt wird. Ein Beispiel dafür ist der US-Präsidentschaftswahlkampf 2016. Donald Trumps Wahlkampfteam verfügte damals über eine große Datensammlung mit Informationen zu Wählerinnen und Wählern (zum Beispiel Namen, Kontaktdaten, Sozialversicherungsnummern, Angaben zum Wahlverhalten oder zu Interessen und Vorlieben). Diese wurden in verschiedene Kategorien eingeteilt.

In unserer digitalen Kommunikationsgesellschaft fallen so große Datenmengen **(Big Data)** an, dass sie nur noch mit einem Computer und Algorithmen ausgewertet werden können.

In einer der Kategorien befanden sich Menschen, die eindeutig zum Lager der Demokratin Hillary Clinton gezählt wurden. Da man diese Menschen sehr wahrscheinlich nicht umstimmen konnte, sollten sie gänzlich vom Wählen abgehalten werden. Zu dieser Gruppe gehörten auch schwarze Wählerinnen. Um zu verhindern, dass diese Frauen zur Wahl gehen, schaltete Trumps Team Anzeigen bei Facebook mit rassistischen Zitaten von Hillary Clinton aus den 1990er-Jahren und adressierte sie genau an die schwarzen Wählerinnen aus den Datensätzen.

Ein solch gezieltes Ansprechen ist ein weiteres Beispiel für Microtargeting.

Haben wir noch Privatsphäre?

Immer noch fühlen sich viele Menschen in ihrer Wohnung unbeobachtet. Warum auch nicht? Dort ist ja kein Fremder. Dabei ist ihnen bewusst, dass Alexa, ihr Handy und womöglich auch der Staubsauger oftmals mithören. Doch das wird häufig ignoriert, obwohl all diese Geräte mit Mikrofonen, Kameras und KI ausgestattet sind, die alles aufzeichnen und auswerten. Und trotzdem ändern wir unser Verhalten nicht.

Stell dir vor, in deinem Zimmer säßen Leute, die dich die ganze Zeit beobachten. Würdest du dich dann noch genau so verhalten? Vermutlich würdest du dich für bestimmte Dinge schämen. Könntest du überhaupt noch Gedanken frei äußern? Nein. Du wärst gehemmt.

DEMOKRATIE
braucht **PRIVATSPHÄRE.**

In einer Demokratie brauchen wir das Private, um uns Meinungen zu bilden. Daher ist in Ländern wie den USA, Österreich, der Schweiz oder Deutschland die **Unverletzlichkeit der Person** und der Wohnung ausdrücklich **geschützt**.

Schließlich werden Demokraten nicht als Demokraten geboren, Demokratie muss gelernt werden. Grundlegend dafür ist die Privatsphäre, in der Kinder, Jugendliche, aber auch Erwachsene manchmal abweichende, verrückte, innovative und irritierende Meinungen und Perspektiven entwickeln. Denn genau in diesem geschützten Raum entstehen Selbstvertrauen und Mut, die für einen demokratischen Bürger wichtig sind.

Auch Kinder wollen diese Privatheit. Sie kleben zum Beispiel die Kamera an ihrem Bildschirm ab, weil sie Angst vor der Beobachtung haben – auch aus sexuellen Gründen.

Doch nicht nur aus der einzelnen Kamera droht die Überwachung, sondern auch durch die Analyse der Daten, die du zum Beispiel beim Einkaufen oder Chatten abgibst. Kreditkarte, Streaming, Telefon, Gesichtserkennung, Ortungsdienste, Suchverhalten – all diese Daten ergeben, wenn man sie zusammenführt, ein genaues Bild von jedem. Am Ende besitzt du keine Privatsphäre mehr und kannst wie ein offenes Buch gelesen werden.

Daher versuchen Politiker demokratischer Staaten, den Datenaustausch zwischen großen Firmen zu verringern, aber sie können sich nur schwer durchsetzen.

Heute verstehen wir unter einem **Panoptikum** ein Kuriositäten- oder Wachsfigurenkabinett.

All das erinnert ein wenig an ein **Panoptikum**. Das war früher eine bestimmte Form von Gefängnis, das als ringförmiges Gebäude um einen Turm herumgebaut wurde. Die Fenster der Zellen waren groß und zum Turm hin ausgerichtet. So konnten die Wächter im Turm jederzeit alle Gefangenen sehen. Dadurch änderte sich das Verhalten der Gefangenen. Denn sie wussten nie, wann sie beobachtet wurden.

Manche Philosophen sprechen heute davon, dass wir in einem digitalen Panoptikum leben und – ähnlich wie die Gefängnisinsassen früher – einer dauerhaften Beobachtung ausgesetzt sind. Denn wir wissen nie, wer hinter der Kamera sitzt und uns gerade zuschaut, wer welche Daten sammelt und wie er sie nutzt.

> Wenn Sie etwas tun, was niemand wissen sollte, sollten Sie es lieber gleich bleiben lassen.
>
> *Ex-Google-Chef Eric Schmidt*

Was ist Fomo?

Der Begriff beschreibt die Panik davor, im Informationsnachteil zu sein. Vermutlich ist das ein uralter Trieb des Menschen, der einst sein Überleben sicherte. Schließlich war es wichtig zu wissen, ob irgendwo im Wald Wölfe lauern oder irgendwo der Säbelzahntiger seine Kreise zieht. Wer informiert war, der konnte sich besser auf die Gefahr einstellen.

Und auch heute wollen wir alles wissen. Also brauchst du Instagram, TikTok und WhatsApp, um immer auf der Höhe zu sein, um mitreden zu können. Und deshalb kannst du auch gar nicht anders, als ständig deinen Feed zu erneuern *(pull-to-refresh)*.

Fear of missing out, kurz **FOMO**, bedeutet auf Deutsch: „Angst, etwas zu verpassen".

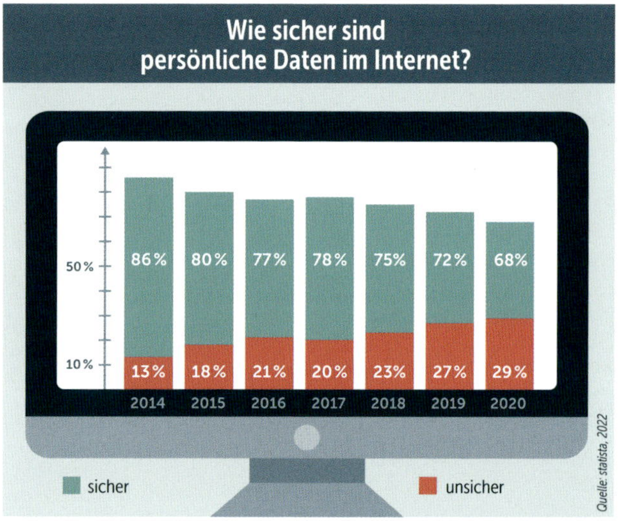

Der Anteil der Menschen, die glauben, dass ihre persönlichen Daten im Internet sicher sind, wird immer kleiner.

Fomo ist sicherlich auch ein Grund dafür, dass wir all die Datengier erlauben: Wir haben Angst, etwas zu verpassen oder abgehängt zu werden. Deshalb löschen wir Apps wie Instagram, TikTok und Co. auch nicht einfach, sondern hoffen darauf, dass die Politiker die Big Player wie Meta oder Google im Zaum halten.

Der Mensch ist ein soziales Wesen, nur gemeinsam kann er überleben oder Dinge wie Handys oder Autos bauen. Aus diesem Grund sind auch die sozialen Medien so verlockend: Sie befriedigen unseren Drang, miteinander zu kommunizieren und zu handeln.

Wie können wir unsere Daten schützen?

Obwohl es immer mehr Geräte gibt, die unsere Daten sammeln, sollte man versuchen, seine Daten zu schützen. Dazu solltest du folgende Dinge beherzigen:

Gib so wenig wie möglich von dir preis.

Gib nur preis, was du glaubst, verantworten zu können.

Lästere niemals über andere.

Benutze sichere Passwörter. Verrate sie niemandem, selbst einem Freund nicht.

Suchmaschinen wie Google, Yahoo oder Bing sind Datenkraken. Nutze möglichst oft Suchmaschinen wie DuckDuckGo oder Startpage. Sie geben deine Daten nicht weiter.

Immer mehr Menschen, die auf Datensicherheit Wert legen, nutzen den US-Messenger Signal. Er ist **Ende-zu-Ende-verschlüsselt** und sammelt nur so viele personenbezogene Daten, wie unbedingt nötig sind (Zero-Knowledge-Prinzip). Du kannst den Zugriff auf dein Adressbuch verweigern, musst dich jedoch mit deiner Telefonnummer anmelden. Zudem ist der Quellcode öffentlich, was interessierten Usern einen tieferen Einblick gibt.

Ende-zu-Ende-Verschlüsselung (englisch *end-to-end encryption*, „E2EE") bedeutet, dass nur Empfänger und Sender einer Nachricht ihren Inhalt entschlüsseln können. Der Anbieter der Plattform hat dagegen keine Einsicht in den Inhalt.

Versuche zu vermeiden, dass du **getrackt** wirst. Akzeptiere zum Beispiel beim Öffnen von Websites nur die notwendigen (essenziellen) Cookies. Ein weiterer Vorteil: Du erhältst dann auch viel weniger Werbung.

Dein Verhalten im Netz wird beobachtet, nachverfolgt und ausgewertet. Daher spricht man umgangssprachlich auch von „jemanden **tracken**".

Im Netz der Daten

Hier findest du ein paar Beispiele dafür, was Handy, Auto, Roboter und Kühlschrank so alles über dich wissen. Und wenn die das wissen, wer weiß, wer noch weiß, …

... wann du schläfst?
... ob du lügst?
... wer du bist?
... was du gern anziehst?
... wie du nackt aussiehst?
... wer deine Eltern sind?
... wie oft du zockst?
... wie dein Zimmer aussieht?
1010
01010
101010
100110
011101
101011
010100
1010
100
011

FAKE NEWS, FAKE NEWS ÜBERALL

Früher sagten Lehrer gerne: „Du musst nicht alles auswendig lernen. Du musst nur wissen, wo es steht." Heute sagen sie: „Du musst nicht nur wissen, wo es steht. Du musst wissen, ob es stimmt." Und das ist das Problem. In Zeiten von Algorithmen und Social Media greift ein Phänomen immer weiter um sich: Fake News. Waren sie anfangs noch relativ leicht zu erkennen, so kommen sie mehr und mehr versteckt daher.

Was sind Fake News?

Das Wort **Fake** bedeutet „Fälschung", der Begriff **News** „Nachrichten".

Der ehemalige US-Präsident Donald Trump bezeichnete im Wahlkampf 2016 seriöse Zeitungen wie die *Washington Post* oder die *New York Times* sowie TV-Sender wie *CNN* als **Fake News** und wertete sie und ihre Journalisten damit ab. Im Deutschen gibt es schon seit dem 19. Jahrhundert einen ähnlichen Begriff: Lügenpresse.

Donald Trump war von 2017 bis 2021 US-Präsident.

Inzwischen wird aber auch in Deutschland, Österreich und der Schweiz immer häufiger von Fake News gesprochen. Wir verstehen unter Fake News etwas anderes als Trump, nämlich gefälschte Nachrichten, die Lügen verbreiten. Sie sehen oft aus wie echte Nachrichten, damit die Menschen sie glauben. Fake News können großen Schaden in der Gesellschaft anrichten, weil mit ihnen Meinungen, politische Entscheidungen und Wahlen beeinflusst werden können.

Demokratie braucht Vertrauen in Institutionen des Staates und in Politiker. Fake News hingegen verunsichern die Bevölkerung und schaffen Misstrauen.

Warum lieben Lügner Social Media?

Der Präsident Donald Trump hat nur ein Problem ans Licht gebracht, das es schon lange gab: die unheilige Partnerschaft von Lüge und Social Media. Längst war klar: Wenn jemand die Wahrheit scheut, so kann er Meinungen, Halbwahrheiten und Hetze auf Social Media und Messengern verbreiten.

Früher konnte sich ein Politiker außer in Reden nur schwer direkt ans Volk wenden. Dafür brauchte er Journalisten, die ihn in der Zeitung zitierten oder ihn im Fernsehen vor dem Mikro etwas sagen ließen. Jetzt kann er einfach zum Handy greifen und seine Wahrheit kundtun.

Auf YouTube kann jeder Videos hochladen und damit sogar Geld verdienen.

YouTube ist 2005 mit dem Slogan *Broadcast yourself* („Sende dich!") angetreten. Jeder sollte seinen eigenen Videokanal auf der Plattform haben, jeder seine Meinung sagen dürfen. Natürlich tummelten sich dort schnell auch erste Aufschneider und Lügner. Heute gibt es viele verschiedene Social-Media-Plattformen und daher können Lügen noch leichter verbreitet werden.

Nach und nach reagieren Politiker allerdings und setzen Firmen wie Google oder Meta unter Druck, damit diese gegen Fake News oder Hetze auf ihren Plattformen vorgehen. Doch bis das richtig gut funktioniert, ist es noch ein weiter Weg.

Streng genommen beginnt die Lüge schon mit dem Filter.

Was ist Clickbaiting?

Bestimmt hast du schon einmal von der Boulevardpresse gehört. Das sind Zeitungen und Zeitschriften, in denen Themen eher oberflächlich und emotional behandelt werden. Sie müssen sich am Boulevard, also auf der Straße, verkaufen und arbeiten deshalb mit großen Überschriften und vielen Fotos, um aus dem Blätterwald herauszustechen.

Möglich wurde der Boulevardjournalismus durch die Erfindung der Rotationsdruckmaschine im Jahr 1846. Mit ihr konnten Verleger statt ein paar Hundert plötzlich 20.000 Zeitungen pro Stunde drucken. Informationen wurden dadurch zur Massenware und Zeitungsjungen wurden auf die Straßen geschickt, um die Blätter an die Leser zu bringen. Je lauter die Jungen ihre Schlagzeilen anpriesen und je größer die Buchstaben waren, umso geringer war die Wahrscheinlichkeit, dass die Nachricht stimmte.

Heute kann man im Internet etwas ganz Ähnliches beobachten.

Verfasser von Artikeln versuchen häufig, dich durch angebliche Sensationen dazu zu bewegen, auf ein Video oder einen Artikel zu klicken. Sie behaupten zum Beispiel in einer Überschrift, dass ein Junge acht Augen hat. Das kann eigentlich nicht sein, aber die Verfasser hoffen trotzdem, dass du daraufklickst, weil du sensationslüstern bist. Sie könnten auch schreiben: „Kanzler gab sein Jawort." Dann könntest du glauben, der Kanzler habe geheiratet, obwohl er nur bei einer recht belanglosen Abstimmung im Bundestag mit Ja gestimmt hat. So etwas nennt man **Clickbait**. Durch Clickbaits sollen höhere Zugriffszahlen und damit mehr Werbeeinnahmen oder eine höhere Bekanntheit erzielt werden.

Das Wort **Clickbait** stammt vom englischen *bait* („Köder").

Clickbaiting ist der kleine Bruder der Lüge.

Warum funktionieren Fake News so gut?

„Ehe sich die Wahrheit die Schuhe angezogen hat, ist die Lüge schon dreimal um die Erde gerannt." Dieser alte Spruch stimmt bis heute. Inzwischen verbreiten sich Fake News schneller als je zuvor, weil wir durch Social Media und die Globalisierung auf der ganzen Welt miteinander vernetzt sind.

Aber auch unsere ganz persönlichen Netzwerke spielen dabei eine wichtige Rolle. Denn in Social Media und Messengern wie Telegram haben wir es häufig mit sogenannten Freunden zu tun – und Freunden vertrauen wir Menschen meist. Wenn ein Freund uns etwas berichtet oder etwas mit uns teilt, schauen wir daher oft nicht besonders kritisch hin, während wir – unter anderem ausgelöst durch die vielen Diskussionen zum Thema Covid-19 – Aussagen von Wissenschaftlern teilweise eher kritisch betrachten.

Außerdem mögen wir es, wenn unsere Vorurteile bestätigt werden. Ein Umdenken empfinden viele Menschen als unbequem. Daher liken und teilen wir oftmals Beiträge, die unsere Meinung bestärken. Das führt wiederum dazu, dass wir auf Social Media aufgrund des Algorithmus viele ähnliche Beiträge angezeigt bekommen. So können wir im schlimmsten Fall in eine Art Fake-News-Teufelskreis geraten, in dem immer wieder ein Fake bestärkt wird.

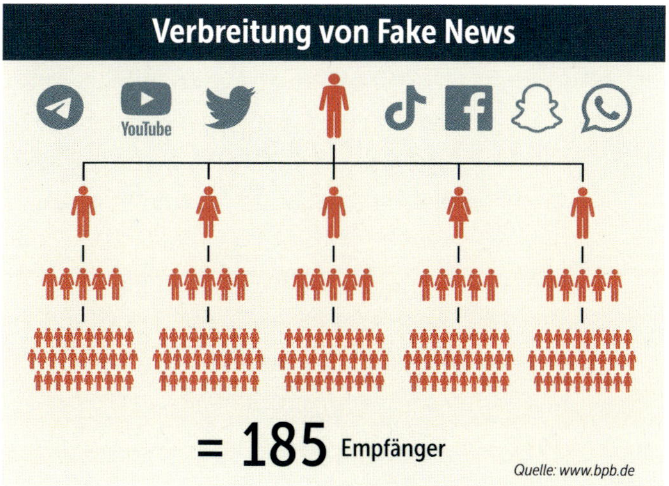

Über soziale Netzwerke kann sich eine Nachricht viel schneller verbreiten als über den direkten Austausch.

Wann wird Satire zu Fake News?

Satire ist eine Kunstform, die Missstände überspitzt anprangert.

Satiriker wie Oliver Welke in der *heute-show* machen sich gern über Politiker oder Prominente lustig. Damit wollen sie Dinge deutlich machen, die ihrer Meinung nach falsch laufen. Auch bei YouTube oder auf Websites wie dem *Postillon* findet man viele satirische Beiträge.

Im Artikel 5 des deutschen Grundgesetzes heißt es zur Redefreiheit und Kunst:

(1) Jeder hat das Recht, seine Meinung in Wort, Schrift und Bild frei zu äußern und zu verbreiten (...).

(3) Kunst und Wissenschaft, Forschung und Lehre sind frei.

Unter diesen Artikel fällt auch die Satire. Das Problem ist allerdings, dass das Publikum eine satirisch gemeinte Darstellung als solche erkennen muss. Sonst kann es passieren, dass Zuschauer Satire als Wahrheit verstehen.

Die **Duma** ist ein Teil des russischen Parlaments.

Übel wird es, wenn satirische Beiträge absichtlich für bare Münze genommen werden, um sie als Propaganda zu nutzen. So griff ein **Duma**-Abgeordneter im staatlichen russischen Fernsehen eine Glosse über ein Bordell für **Zoophile** in Dänemark auf. Sie war ursprünglich auf einer satirischen Seite erschienen. Der Abgeordnete behauptete nun, in Dänemark sei es erlaubt, in einem Zoophilen-Zoo Schildkröten und andere Tiere zu vergewaltigen. Er nutzte also einen satirischen Beitrag für die russische Propaganda, um mit einem Beispiel den Werteverfall in Westeuropa zu betonen.

Zoophilie bezeichnet das sexuelle oder romantische Hingezogensein zu Tieren.

Dieser Fall zeigt, dass sich Satiriker heute nicht mehr sicher sein können, dass ihre Arbeit nicht irgendwo auf der Welt missbraucht wird.

In Deutschland schreibt kein Gesetz vor, dass Satire gekennzeichnet werden muss. Trotzdem geschieht dies im deutschen TV häufig. Und auch in Zeitungen und Zeitschriften steht oft das Wort „Glosse" über satirischen Beiträgen. Mit diesem Begriff sind spöttische Bemerkungen gemeint.

Häufig kollidiert Satire mit dem Persönlichkeitsrecht.

Artikel 1 und 2 des Grundgesetzes schützen sowohl die Würde des Menschen als auch das Recht auf freie Entfaltung der Persönlichkeit. Kommt es hier zu einem Konflikt, so muss dies im Einzelfall von einem Gericht geprüft werden.

Der alte Spruch **„SATIRE DARF ALLES"** stimmt eben doch **NICHT** in **ALLEN FÄLLEN.**

„April, April" – Am 1. April findet man in vielen Medien Beiträge, die auf den ersten Blick zwar glaubhaft klingen, die sich bei genauerem Hinsehen aber als erfunden herausstellen. Oftmals kann man das an übertrieben dargestellten Details erkennen. Aprilscherze gibt es auch im privaten Bereich. Sie werden häufig mit den Worten „April, April" aufgelöst. Erstmals überliefert ist die Redensart „jemanden in den April schicken" in Deutschland 1618 in Bayern. Europäische Auswanderer brachten diese Tradition mit nach Nordamerika. Wieso ausgerechnet der 1. April zu einem Tag für besondere Scherze wurde, ist bisher ungeklärt.

Was ist ein Deep Fake?

Vermutlich waren es zwei russische Satiriker, die den Spaß im Frühsommer 2022 auf die Spitze trieben. Sie fälschten ein Video von Vitali Klitschko, dem Oberbürgermeister von Kiew, einer Stadt im Kriegszustand. Die Regierende Berliner Bürgermeisterin Franziska Giffey bekam einen Videoanruf von ihm. Eine halbe Stunde lang redete und diskutierte sie mit Klitschko. Erst dann wurde klar, dass sie gar nicht mit Klitschko sprach, sondern mit einem Fake. Sie war einem Prank (einem Streich) der russischen Satiriker aufgesessen.

Das Wort **Deep Fake** – auch Deepfake – ist ein Kofferwort aus *Deep Learning* („tiefgehendes Lernen") und *Fake* („Fälschung"). Bei einem Deep Fake werden mittels KI Bilder, Audiodateien oder Videos gefälscht, die echte Inhalte vorspiegeln.

Ist Frau Giffey bei ihrem Telefonat einem Deep Fake auf den Leim gegangen? Experten sagen Nein. Einen guten Deep Fake zu erstellen, ist sehr aufwendig und bei einem Live-Video fast unmöglich. Denn der Fälscher müsste seine eigene Gestik und Mimik in Echtzeit auf das Video Klitschkos übertragen und auf Fragen sofort reagieren. Er müsste also geradezu in die Haut von Klitschko schlüpfen.

Stattdessen handelte es sich um einen *Cheap Fake* (billige Täuschung, auch *Shallowfake* genannt). Damit sind Fakes gemeint, die billig produziert werden und bei denen Material aus bereits vorhandenen Videos zu einem neuen zusammengeschnitten wird. So ist der Eindruck entstanden, dass Vitali Klitschko in seinem Telefonat mit Frau Giffey tatsächlich agiert und reagiert hat.

Im Mittelpunkt eines Deep Fakes steht ein digitaler Avatar der Zielperson. Dieser soll sich möglichst genauso verhalten wie sein Vorbild. Deshalb lernt der Computer anhand von existierendem Bild- und Videomaterial zum Beispiel, wie die Zielperson beim Sprechen die Stirn runzelt oder die Augen rollt, wenn sie genervt ist. Auch der „Faker" gibt

Videos von sich an den Rechner weiter. Am Ende überträgt der Computer dann Mimik, Stimme und Bewegungen vom Faker auf den Avatar. So kann eine täuschend echte Kopie einer Person entstehen. Während es noch vor wenigen Jahren kompliziert war, Fotos zu bearbeiten und Personen aus einem Gruppenbild verschwinden zu lassen oder sie hineinzuschneiden, ist das heute ein Kinderspiel. Bei Live-Videos ist das aktuell noch schwieriger, aber wenn in Zukunft auch diese immer einfacher bearbeitet werden können, wird das unser Verhältnis zur Wirklichkeit weiter verändern. Denn dann können wir uns nicht einmal mehr auf live übertragene Bilder und Videos verlassen.

Obwohl Deep Fakes immer besser werden, gibt es trotzdem Möglichkeiten, sich vor ihnen zu schützen:

* Achte in Videos auf Kleinigkeiten: Zwinkert die Person wie ein echter Mensch? Bewegen sich Mund und Augenbrauen auf natürliche Weise? Wirkt ihr Mund beim Sprechen realistisch oder eher unscharf?
* Hör genau hin: Verstrickt sich die Person in Widersprüche? Oder klingt ihre Stimme an manchen Stellen abgehackt?
* Überprüfe, was du siehst: Findest du das Video auch auf seriösen Internetseiten? Oder wurde vielleicht schon aufgedeckt, dass es sich bei der Aufnahme um eine Fälschung handelt?
* Denk an die Filterblase: Wie du weißt, neigen wir dazu, Dinge zu glauben, die in unser Weltbild passen. Sei deshalb gerade dann besonders skeptisch, wenn in einem Video, das du siehst, eine Person schlecht wegkommt, die du nicht magst.
* Sei vorsichtig damit, welche Informationen du im Internet preisgibst: Jedes Foto und jedes Video kann als Trainingsmaterial für Deep Fakes genutzt werden.
* Überlege genau, was du im Internet teilst: Verbreite Fotos, Videos oder Tonaufnahmen nicht einfach weiter, denn Betrüger leben davon, dass ihnen viele Menschen sehr leicht glauben. Und je mehr Menschen auf eine Fälschung reinfallen, desto mächtiger und gefährlicher wird sie.

Gefahr für die Demokratie: Fake News

Ist man in einer Filterblase gefangen, bleibt der gesunde Menschenverstand oftmals außen vor. Deshalb solltest du dich immer in verschiedenen Quellen informieren und nicht nur in der Blase unterwegs sein. Denn in Extremfällen entstehen innerhalb solcher Blasen sogar Gruppen, die hinter allem eine Verschwörung wittern.

TRENDSETTER?

Ex-US-Präsident Donald Trump entfachte ein wahres Feuerwerk an unglaublichen Vermutungen und absurden Theorien.

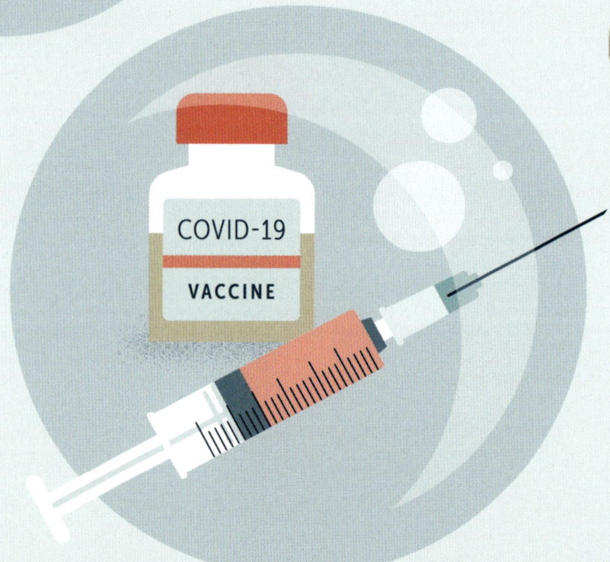

IMPFUNG

Die Corona-Pandemie war eine Zeit von großer Verunsicherung. Einige Verschwörer nutzten das aus und behaupteten, bei einer Impfung werde den Menschen auch ein Chip implantiert, der sie steuern würde.

CHEMTRAILS

Einige Menschen glauben, dass Kondensstreifen von Flugzeugen in Wirklichkeit dafür genutzt werden, Chemikalien auszubringen, um die Menschheit zu dezimieren.

ECHSENMENSCHEN

Reptiloide sind fiktive Wesen aus der Science-Fiction- oder Fantasyliteratur oder aus Filmen. Manche Menschen denken aber, dass solche Echsenmenschen wirklich existieren und die Politik vieler Länder kontrollieren.

FAKE NEWS – WIE VERHALTE ICH MICH RICHTIG?

Fake News gehören zu unserem Alltag. Sie begegnen uns in Zeitschriften, im Fernsehen und auf Social Media. Doch wie sollen wir mit den ständigen Übertreibungen, den Lügen, der Hetze und den gezielten Desinformationen umgehen? Woran erkennen wir sie? Die meisten von uns sind keine Journalisten, die den Wahrheitsgehalt einer Nachricht aufwendig überprüfen können. Also benötigen wir einfache Kriterien oder jemanden, der uns hilft.

Wie überprüfe ich Nachrichten?

TIPP: Leite Nachrichten nicht leichtfertig weiter!

Die oberste Regel ist: Schicke nichts weiter und teile nichts, was falsch sein könnte. Dazu gehört auch, dass du selbst keine Un- oder Halbwahrheiten in die Welt hinausposaunst. Wenn du bei Nachrichten, Fotos oder Videos unsicher bist, ob sie echt sind, überprüfe sie, ehe du sie an deine Freunde weitergibst. Diese vertrauen dir nämlich und leiten den Fake dann womöglich ungesehen weiter.

TIPP: Checke die Quelle!

Überprüfe den Autor, indem du seinen Namen im Netz eingibst. Möglicherweise heißt er ja schon Frank Fake oder Laura Lüg. Dann solltest du misstrauisch werden. Oftmals spielen sich Autoren auch als Experten auf, obwohl sie gar keine sind. Schau ruhig mal in die Biografie des Autors. Falls er Automechaniker ist, jedoch wilde Corona-Theorien verbreitet, solltest du besser nicht auf ihn hören. Die Quelle kann auch ein Lobbyist sein. Das sind Leute, die sich dafür bezahlen lassen, die Meinung von Interessenverbänden wie beispielsweise der Energie- oder Autoindustrie zu vertreten. Einige von ihnen versuchen, direkt auf Politiker Einfluss zu nehmen, andere wirken – vor allem über Massenmedien – auch auf die öffentliche Meinung ein. Eine Nachricht, die von einem Lobbyisten verbreitet wird, solltest du kritisch hinterfragen und dir zu dem Thema noch andere, neutrale Quellen ansehen.

TIPP: Wirf einen Blick ins Impressum!

Im Impressum einer Seite/Plattform sollte die vollständige Adresse, E-Mail-Adresse und vielleicht noch eine Telefonnummer des Anbieters zu finden sein. Du kannst dir auch noch andere Posts oder Berichte auf der Seite/Plattform anschauen, um einen besseren Eindruck vom Anbieter zu erhalten.

TIPP: Vergleiche die Daten!

Wenn es um Fakten geht, solltest du eine zweite oder dritte Quelle hinzuziehen, die nicht von der ersten abgeschrieben hat. Das ist manchmal schwierig, aber äußerst hilfreich. Journalisten sollten das immer tun, damit sie auf der sicheren Seite sind.

Die Tagesschau ist eine gute Möglichkeit, um zu überprüfen, ob Nachrichten stimmen.

Wie überprüfe ich die Echtheit von Fotos und Videos?

Erst einmal fragst du dich, wer das Foto oder Video veröffentlicht hat. Kannst du sehen, ob das Material einfach weitergeleitet oder selbst erstellt wurde? Wenn du dir unsicher bist, kannst du auf Google die Bildersuche anklicken und aus dem Speicher deines Handys oder von der Festplatte deines Computers das Foto auswählen und danach suchen lassen. Google gibt dir dann Auskunft darüber, wann das Foto erstmals aufgetaucht ist. Auch ähnliche Bilder werden dir angezeigt, genauso wie die Seiten, auf denen das Bild veröffentlicht wurde.

TIPP: Lass dich nicht von Bildern täuschen!

Bei Fotos oder Videos ist es besonders wichtig, ihre Echtheit zu überprüfen, weil wir Bildern mehr Glauben schenken als dem geschriebenen Wort. Wir betrachten etwas, entnehmen ihm blitzschnell Informationen und speichern diese ab. Dabei kann ein Foto oder ein Video genauso manipuliert worden sein wie ein Text. Ein Foto, auf dem ein Mann von hinten erschossen wird, kann zum Beispiel aus einem längst vergangenen Krieg stammen und nicht aus einem aktuellen, wie behauptet wird.

TIPP: Frag Amnesty International!

Um die Echtheit eines Videos zu überprüfen, kannst du den YouTube-DataViewer der Menschenrechtsorganisation Amnesty International nutzen. Er zeigt dir die konkreten Upload-Daten des Videos. So kannst du zum Beispiel herausfinden, wie alt ein Video ist. Außerdem kannst du an die Vorschaubilder (Thumbnails) gelangen und diese in die Bildersuche eingeben, um weiter zu recherchieren.

Achtung: Wenn ein Foto auf Facebook gepostet wurde, löscht der Meta-Konzern häufig die Metadaten des Fotos.

Wie finde ich Fake News in einem Text?

TIPP: Lies aufmerksam!

Wenn uns etwas gefällt, schauen wir genau hin, passt uns aber etwas gar nicht in den Kram, schauen wir gerne weg. So ist es auch beim Lesen oder bei Videos. Wir merken uns die Dinge, die wir gut finden, die unser Weltbild bestätigen, und achten dabei eher nicht auf Fehler. Das führt dazu, dass wir Fake News nicht so leicht identifizieren können, weil sie womöglich genau in unser Weltbild passen.

Die Neigung, Informationen so auszuwählen und zu interpretieren, dass sie unsere Erwartungen erfüllen, nennt man *confirmation bias* (auf Deutsch: „Bestätigungsfehler").

TIPP: Bleib offen, schotte dich nicht ab!

Diese Form des Lesens, die auch bestätigendes Lesen genannt wird, führt häufig dazu, dass wir auch offenkundige Fehler überlesen. Dabei können gerade die Fehler in einem Text darauf hinweisen, dass es sich bei einem Artikel um Fake News handelt. Um das erkennen zu können, müssen wir für andere Gedanken und Meinungen offen bleiben und dürfen uns nicht abschotten. Wie aber vermeiden wir bestätigendes Lesen? Indem wir gerade dann kritisch werden, wenn uns ein Fakt oder eine Meinung besonders gefällt. Dann sollten wir uns fragen: Warum will ich das glauben? Gibt es ein gutes Gegenargument? Ist die Argumentation überhaupt logisch?

„Dass Menschen Tatsachen, die ihnen wohlbekannt sind, nicht zur Kenntnis nehmen, wenn sie ihrem Vorteil und Gefallen widersprechen, ist ein so allgemeines Phänomen, dass man auf den Gedanken kommen kann, dass es vielleicht im Wesen der menschlichen Angelegenheiten liegt, mit der Wahrheit auf Kriegsfuß zu stehen."

Hannah Arendt

Wie mächtig sind Wörter?

Tipp: Achte auf das Wording!

Für die Meinungsbildung sind nicht nur Fakten wichtig, sondern auch Emotionen und Wortwahl (Wording). Denn Wörter haben immer Nebenbedeutungen. Wenn zum Beispiel nicht von „Arbeitssuchenden" geredet wird, sondern von „Arbeitsscheuen" oder „Schnorrern", dann werden Arbeitssuchende abgewertet. Es wird so getan, als gebe es Arbeitslosigkeit nur, weil Arbeitssuchende eigentlich keine Lust auf Arbeit haben. So wird gezielt die Unwahrheit verbreitet. Die Fake News liegen hier in der Wortwahl selbst. Wir müssen daher immer aufpassen, wann wir welche Wörter benutzen.

Tipp: Lass dich nicht vom Framing täuschen!

Wie wir über etwas denken, hängt zu großen Teilen davon ab, in welchem Zusammenhang wir etwas erfahren. Das Phänomen, dass unterschiedliche Formulierungen desselben Inhalts uns unterschiedlich beeinflussen, wird Framing genannt. Das Glas kann zum Beispiel halb voll oder halb leer sein. Oder die Regenwahrscheinlichkeit liegt bei zwanzig Prozent, zu achtzig Prozent bleibt es aber trocken.

Framing wird auch in der Politik häufig benutzt.

Die Werbung arbeitet ebenfalls mit Frames. Ein Beispiel dafür ist der Marlboro-Mann, mit dem für die Zigarettenmarke Marlboro Werbung gemacht wurde. Um das Rauchen in Verbindung mit Männlichkeit, Kraft und Unabhängigkeit zu setzen, wurde in den 1950er-Jahren ein Cowboy erfunden, der nach harter Arbeit am Lagerfeuer in der Wildnis seine Zigarette raucht. Heute hat sich das Framing von Zigarettenwerbung geändert: Sie wird nun durch Abbildungen von Krankheiten auf den Packungen geprägt und vermittelt so, dass Rauchen schädlich ist.

Tipp: Gib Priming keine Chance!

Stell dir vor, du siehst ein kyrillisches (russisches) Schriftzeichen. Erst einmal wirst du dir darüber kaum Gedanken machen. Aber wenn du kurz zuvor ein Foto von einem grimmigen Gesicht gesehen hast, kann es sein, dass du das Schriftzeichen negativer bewertest, als wenn du vorher ein freundliches Gesicht gesehen hättest. Das liegt daran, dass bestimmte Reize – Bilder, Geräusche, Gerüche – Erinnerungen auslösen können. Ähnliche Manipulationen nutzen auch Hollywoodfilme, in denen beispielsweise Menschen mit russischem oder deutschem Akzent als Bösewichte besetzt werden.

Tipp: Lass dir keine Brille aufsetzen!

Das Problem beim Wording, Framing und Priming ist, dass wir uns kaum davon freimachen können. Die Industrie und Politiker setzen uns manchmal eine Brille auf und bestimmen so, in welcher Farbe wir die Welt sehen. Das sollten wir nicht zulassen, sondern stets auf der Hut sein, wenn es um Themen wie Rassismus, Antisemitismus oder Einwanderung geht.

Insgesamt zählte die *Washington Post* mehr als 30.000 Lügen, die Donald Trump als US-Präsident verbreitet hat.

Wer kann mir helfen?

Je mehr Fake News im Umlauf sind, desto mehr Organisationen und Medienhäuser kümmern sich darum, die Fakes zu enttarnen. Schließlich schaden die Lügen und die dauernde Verunsicherung der Demokratie. Ganz wichtig sind dabei die öffentlich-rechtlichen Medien. Schließlich werden sie auch von der Öffentlichkeit bezahlt.

Der ARD-Faktenfinder

Der ARD-Faktenfinder ist ein Onlineportal zur Aufklärung und Eindämmung von Fake News. Die Redaktion geht Behauptungen nach, sammelt im Internet politische Propaganda, Gerüchte, Lügen und Halbwahrheiten und stellt sie richtig. Zu einigen Themen gibt es auch sehr ausführliche Videos, die gut als Grundlage für ein Referat in der Schule genutzt werden können.

#Faktenfuchs

Im Fuchspelz steckt der Bayrische Rundfunk (BR). Neben den Anrufen und Mails, die die Redaktion erhält, und all den Redakteuren, die im BR Augen und Ohren offen halten, ob es irgendwo Fake News gibt, nutzt die Redaktion eine Software, um auf Twitter, Instagram, YouTube, Telegram, Blogs und anderen Plattformen nach möglichen Fakes zu suchen und diese dann zu überprüfen. Daher ist die Themenpalette beim Faktenfuchs auch so breit.

dpa-Faktencheck

Die Deutsche Presse-Agentur (dpa) ist die größte Nachrichtenagentur in Deutschland und besitzt eine eigenständige Faktencheck-Redaktion. Für die Arbeit der dpa ist die Wahrheit von besonders großer Bedeutung, denn sie beliefert Zeitungen, Fernseh- und Radiosender und Influencer mit Nachrichten, Fotos, Texten, Videos und Hörbeiträgen. Deshalb ist es wichtig, das die dpa keine Fakes verbreitet.

MIMIKAMA

Der Wiener Verein Mimikama geht gegen jeglichen Missbrauch des Internets zu kriminellen Zwecken vor und tritt für die Stärkung des Verbraucher- und Datenschutzes sowie der Bürgerrechte und der Privatsphäre ein. Schwerpunkte der Arbeit von Mimikama sind Spam, Betrug, Phishing und Falschmeldungen. Zentrale Bedeutung nimmt dabei die Aufklärung von Internetnutzern über Internetkriminalität und Internetbetrug ein. Bei Mimikama kannst du selbst Fakes überprüfen lassen (auch in E-Mails) und nachschauen, welche Fake News gerade aufgeflogen sind.

CORRECTIV – Recherchen für die Gesellschaft

Der Name sagt schon alles: Hier sind Journalisten und Fachleute am Werk, die Fakes nachspüren und Skandale aufdecken. Sie recherchieren gründlich und lassen sich dabei Zeit. Möglich ist dies, weil die Plattform von Spenden getragen wird. Falls du glaubst, dass du einem Fake auf der Spur bist, dann kannst du dich ganz leicht an das CORRECTIV wenden, indem du auf der Website auf den Reiter „Faktencheck" und dann auf den Button „Falschmeldung einreichen" gehst. Und wenn du Infos über die neuesten Fakes haben möchtest, dann findest du auch jede Menge Checks auf der CORRECTIV-Website.

WDRforyou

Die Idee ist genial: WDRforyou deckt zwar nicht direkt Fake News auf, sondern sendet bei wichtigen Ereignissen Pushmitteilungen in Deutsch, Persisch oder Arabisch auf die Handys der Nutzer. Aber da auch in anderen Regionen der Welt viele Fake News unterwegs sind und viele persisch- und arabischsprachige Menschen sich hauptsächlich über Sender und Social Media aus ihren Heimatländern informieren, trägt WDRforyou indirekt dazu bei, Fake News zu enttarnen. WDRforyou hat auch eigene Instagram-, Facebook- und YouTube-Kanäle.

Erste Hilfe gegen Fake News

SUCHE NACH DEM AUTOR

Überprüfe, wer der Autor ist.
Was macht er sonst so?

SIEH DIR DIE SEITE AN

Lies auch andere Artikel auf der Plattform/Seite.
Entdeckst du Fakes? Gibt es im Netz Infos
zu der Seite/Organisation?

GEHE DEM BILD AUF DIE SPUR

Mit der Rückwärtssuche kannst du überprüfen,
woher ein Bild stammt. Gib dafür das Bild
oder seine URL in die Suchmaschine ein.

Um gegen Fake News gewappnet zu sein, musst du sorgfältig mit Informationen umgehen, genau hinschauen und genau lesen. Außerdem helfen manchmal auch ein paar zusätzliche Tipps dabei, einen Fake zu enttarnen. Du findest sie in unserem Erste-Hilfe-Kasten.

NICHT WEITERLEITEN, SONDERN CHECKEN

Falls du bei einer Nachricht, die du liest, skeptisch wirst, ob sie wahr ist, solltest du recherchieren und erst danach entscheiden, ob du sie weiterleitest.

RECHERCHIERE ZUERST

Kommt dir etwas falsch vor, dann suche nach einem passenden Schlagwort oder der entsprechenden Seite und schreibe den Begriff „Fake News" dahinter. So werden dir Seiten angezeigt, die den Inhalt bereits als Fake entlarvt haben.

NUTZE PROFESSIONELLE FAKTENCHECKER

Im Netz gibt es Plattformen wie Mimikama oder den ARD-Faktenfinder, die dabei helfen, Fake News aufzudecken.

WAS IST PROPAGANDA?

Emily ist verunsichert, weil sie gehört hat, dass ihre Eltern sich über den Krieg gestritten haben. Dabei hat Mama gesagt, dass Papa nur auf die plumpe Propaganda des Präsidenten reingefallen sei. Und Emily hat nicht gewusst, was das überhaupt ist.

Warum klingt das Wort Propaganda so negativ?

Das Wort **Propaganda** kommt aus dem Lateinischen und bedeutet so viel wie „ausbreiten".

Jemand verbreitet seine Ideen und Ziele, um andere Menschen von diesen zu überzeugen. Eigentlich ist **Propaganda** also nur eine spezielle Form von Werbung. Aber in Deutschland hat der Begriff einen schlechten Ruf, was daran liegt, dass der hetzerische Minister für Volksaufklärung und Propaganda, Joseph Goebbels (1897–1945), die menschenverachtenden Ideen der Nationalsozialisten unter Adolf Hitler verbreitete.

Auch heute geht Propaganda oftmals von politischen Herrschern aus – meist nennen wir diese Diktatoren oder Autokraten. Die Propaganda wird in solchen Systemen dafür eingesetzt, dass Menschen an den Kurs der Regierung oder des Herrschers glauben. Im Krieg wird sie obendrein häufig zum Instrument des Hasses. Durch die sozialen Medien kann Propaganda heute fast jeden jederzeit erreichen.

Die Macht der Propaganda ist kaum zu brechen. Sie kann so weit reichen, dass Völker andere Völker unterdrücken oder angreifen. Der Bann der Propaganda kann erst gebrochen werden, wenn wir sie durchschauen. Deshalb ist es wichtig, die Historie und die Mechanismen der Propaganda zu verstehen.

Ein Propagandist bringt zielgerichtet Botschaften in die Öffentlichkeit, um diese zu beeinflussen. Bis heute wird das Wort ab und an auch verwendet, wenn es um Verkaufsförderung geht.

Wer ist an der Propaganda beteiligt?

Das Wort **persuasiv** kommt vom lateinischen Verb *persuadere* und bedeutet „überzeugen".

Propaganda, *Public Relations* (PR) und Werbung haben eines gemein: Sie gehören alle in die Kategorie der **persuasiven** Kommunikation, denn sie möchten uns dazu bringen, eine andere Meinung anzunehmen.

An der Propaganda sind immer **SENDER, VERMITTLER** und **EMPFÄNGER** beteiligt.

Als „Öffentlichkeitsarbeit" oder „PR" *(Public Relations)* wird die Kommunikation einer Organisation oder eines Unternehmens gegenüber der Öffentlichkeit oder innerhalb des Unternehmens bezeichnet.

Der Sender: Sowohl staatliche als auch nicht staatliche Kommunikatoren wollen ihre Botschaften in die Gesellschaft einbringen. Darunter fallen Politiker, Parteien, NGOs (Nichtregierungsorganisationen), Gewerkschaften, aber auch Terroristen.

Die Vermittler: Zu den Vermittlern gehören die Medien. Propagandisten nutzen alle Kanäle, um ihre Botschaft zu verbreiten. Zum Beispiel Fernsehen, Radio, Internet, Zeitungen, Lieder, Kunstwerke, Spielzeug und immer häufiger Videospiele.

Der Empfänger: Damit ist jeder gemeint, der eine politische Botschaft aufnehmen kann. Inwieweit der Empfänger ein Opfer der Propaganda ist oder sie aktiv aufnimmt, ist schwer zu sagen.

Was wollen Populisten?

Populisten sind Menschen, die behaupten, dass nur sie für das ganze Volk sprechen und es vertreten können – auch wenn eigentlich nur eine Minderheit ihrer Meinung ist. Sie tun so, als gebe es selbst für schwierige Probleme immer ganz einfache Antworten und Lösungen.

Übrigens gibt es nicht nur unter Politikern Populisten, auch ein Konzernchef oder dein Nachbar kann ein Populist oder eine Populistin sein.

Der Begriff **Populismus** kommt vom lateinischen Wort *populus* (auf Deutsch: „Volk").

Typisch für **Populisten** ist, dass sie sich deutlich von Andersdenkenden abgrenzen wollen. Hinter ihnen stehen angeblich all die guten, fleißigen und höflichen Bürger. Auf der anderen Seite sehen sie die „anderen", die angeblich jene guten, fleißigen und höflichen Bürger ausnutzen oder über den Tisch ziehen, indem sie zum Beispiel absichtlich das Finanzamt betrügen oder Hilfen vom Staat wollen und nichts selbst leisten.

In diese Logik passt auch, dass Populisten gegen „Fremde" hetzen. Schließlich nutzen diese ihrer Meinung nach ein Sozialsystem, das die fleißigen Bürger aufgebaut haben. Zu den Lieblingswörtern der Populisten gehören „Gerechtigkeit" und „gesunder Menschenverstand", den natürlich angeblich nur sie und ihre Gleichgesinnten besitzen.

Populisten greifen gerne Themen auf, mit denen sie provozieren können. Eines ihrer Lieblingsthemen ist – falls nicht gerade ein Krieg alles überlagert – die Umwelt. Sie können sich sicher sein, dass ein Teil der Bevölkerung beim Leugnen des menschengemachten Klimawandels hinter ihnen steht. Schließlich müssen wir uns verändern, wenn wir den Klimawandel abmildern wollen. Und das wollen einige Menschen nicht. Auch lässt sich mit dem Klimawandel gut provozieren, da viele Menschen den Klimawandel als existenzielle Bedrohung sehen und daher im Anblick der Klimakatastrophen verzweifelt sind.

Was ist die Psychologie der Massen?

Populisten und Propagandisten versuchen immer, möglichst viele Menschen zu manipulieren. Daher ist für sie das Verhalten von Menschenmassen wichtig.

Der französische Psychologe Gustave Le Bon hat sich schon 1895 mit dem Phänomen der Massenpsychologie auseinandergesetzt und ist zu dem Schluss gekommen, dass Menschen prinzipiell „der Knechtschaft zusteuern". Sie bräuchten wie eine Schafherde einen Anführer. Solche Anführer würden sich unter den „Nervösen, Reizbaren, Halbverrückten" finden.

Gustave Le Bons *Psychologie der Massen* wurde 1895 in Paris veröffentlicht. Seine Theorie: In der Masse zählt nicht die Vernunft, sondern eher Triebe und Impulse.

Bis heute sind Populisten, egal ob in Social Media oder im TV, häufig extrem reizbar. Sie setzen bei ihrer Propaganda nicht auf Fakten, sondern auf Emotionen.

Nach dem Ersten Weltkrieg (1914–1918) wurde die Propaganda zur Wissenschaft erhoben. Sie galt als Chance zur Lenkung der Massen durch die Herrschenden, aber auch als ein Instrument, um Produkte zu verkaufen. Ab den 1930er-Jahren kamen Markt- und Meinungsforschungsinstitute auf, die mit Umfragen und Analysen arbeiteten – nun wurden Meinungen, Gedanken und Gefühle von Gruppen genauer betrachtet.

Heute nutzen sowohl Propagandisten als auch Werbetreibende die Möglichkeiten, die sich ihnen dank Digitalisierung und Algorithmen bieten. Regelrechte Psychogramme von Gruppen oder einzelnen Kunden und Wählern werden erstellt, um direkt Einfluss auf die Person nehmen zu können (Microtargeting).

Ohne die Durchdigitalisierung aller Lebensbereiche wäre dies nicht möglich.

Welche Formen von Propaganda gibt es?

In der Forschung zum Thema Propaganda wird oft zwischen verschiedenen Propagandaformen unterschieden.

Weiße Propaganda

Der Sender kann eindeutig vom Leser oder Zuschauer festgestellt werden. Die Information ist überprüfbar und nahe an der Wahrheit. Der Propagandist nutzt sie aber für seine Zwecke und will damit Vertrauen beim Empfänger stiften.

Politiker sollten möglichst „ehrlich" arbeiten. Dabei geraten sie aber bei einzelnen Fragen immer wieder in einen Zwiespalt zwischen der Meinung ihrer Partei und ihrer eigenen Meinung.

Graue Propaganda

Bei grauer Propaganda kann man den Wahrheitsgehalt und den Absender nicht mehr eindeutig bestimmen. Propagandisten erfinden Dinge hinzu, verallgemeinern, beschuldigen, spekulieren und stricken Mythen, die in Verschwörungstheorien münden können.

Der in Russland populäre Journalist Dmitri Konstantinowitsch Kisseljow lieferte ein Beispiel dafür, wie Halbwahrheiten genutzt werden können. Als 2022 in Deutschland Gasknappheit drohte, gerieten einige deutsche Politiker in eine Art Wettstreit darüber, wie lange man warm duschen dürfe. In der Sendung *Woche der Nachrichten* warnte Kisseljow im russischen Fernsehen: „Wegen ihres Hasses auf Russland und russisches Gas verfallen die Europäer in alte Verhaltensmuster und vernachlässigen ihre Körperhygiene. Deshalb werden sich Hautparasiten in der EU ausbreiten." Kisseljow nutzte also eine Debatte in Deutschland, um das Bild zu beeinflussen, das Menschen in Russland von Europa haben.

Schwarze Propaganda

Schwarze Propaganda ist die schlimmste und wirksamste Form der Propaganda. Der Sender verbirgt sich oder täuscht vor, ein anderer zu sein, und verbreitet bewusst Unwahrheiten und Gerüchte.

Dabei gibt es praktisch keine Grenzen mehr.

Um den Ruf der Gegenseite zu ruinieren, wird zum Beispiel mit Unterstellungen und Anschuldigungen gearbeitet. Diese Methode nennt sich auch „Fauler Fisch", im Englischen sprechen wir von *dirty campaigning*.

So wurde US-Präsidentschaftskandidatin Hillary Clinton im Wahlkampf 2016 vorgeworfen, jemand aus ihrem Team habe seine Finger bei Kinderpornos im Spiel. Das war offenkundig erstunken und erlogen, aber trotzdem wurde darüber geredet und Clinton wurde dieses Gerücht nicht mehr los.

Besonders hinterhältig ist an dieser Methode, dass das Opfer einer solchen Schmutzkampagne häufig in Interviews zu den Vorwürfen befragt wird. Wenn es sich dann dazu äußert, wiederholt es in vielen Fällen die Anschuldigungen, um sie zu widerlegen. Gerade durch diese Wiederholung verfestigt sich die Behauptung allerdings beim Hörer oder Zuschauer und das Opfer wird den Geruch des faulen Fischs kaum mehr los.

Ein weiteres Beispiel für einen Fall von schwarzer Propaganda: Dmitri Konstantinowitsch Kisseljow ist Generaldirektor der staatlichen Nachrichtenagentur *Rossija Sewodnja* und ist schon häufig durch homophobe Äußerungen aufgefallen. Einmal ging er sogar so weit zu behaupten, dass Herzen von Schwulen nach einem Autounfall nicht zur Transplantation geeignet seien, sondern verbrannt oder vergraben werden müssten.

Wie kontrollieren Propagandisten die Medien?

Wer die **HOHEIT**
über die **INFORMATIONEN** hat,
der hat die **MACHT.**

Der deutsche Schriftsteller Heinrich von Kleist (1777–1811) schrieb in seinem satirischen Lehrbuch der französischen Journalistik:

„Was das Volk nicht weiß,
macht das Volk nicht heiß."
Und: „Was man dem Volk dreimal sagt,
hält das Volk für wahr."

Damit hat er einige wichtige Dinge gesagt.

Der erste Medien(be)herrscher war Napoleon Bonaparte (1769–1821). Der Feldherr erstickte die Pressefreiheit, die in der Französischen Revolution (1789–1799) gerade erst geboren worden war, gleich wieder.

Mit seinem *bureau de presse* kontrollierte er Zeitungen und ließ Journalisten und Herausgeber verfolgen, die ihn kritisierten. Die von Napoleon kontrollierte Zeitung *Moniteur* wurde zu seinem Sprachorgan, in dem er Themen vorgab und sogar selbst anonym Artikel verfasste. Da alle anderen Zeitungen sich daran orientierten, hatte Napoleon einen großen Einfluss auf die gesamte damalige Medienlandschaft. Heute sehen wir ein ähnliches Verhalten bei **Autokraten** weltweit.

Autokraten sind Einzelpersonen oder Personengruppen, die die Alleinherrschaft anstreben.

Artikel 5 Grundgesetz Deutschland:

(1) Jeder hat das Recht, seine Meinung in Wort, Schrift und Bild frei zu äußern und zu verbreiten und sich aus allgemein zugänglichen Quellen ungehindert zu unterrichten. Die Pressefreiheit und die Freiheit der Berichterstattung durch Rundfunk und Film werden gewährleistet. Eine Zensur findet nicht statt.

Mit dem Begriff „Presse" wurde bis zur Erfindung des Radios meist nur das gedruckte Wort gemeint, heute verstehen wir darunter oft alle Medien, also auch Hörfunk, Fernsehen und Internet. Das Recht auf Pressefreiheit stellt sicher, dass alle Journalisten ihre Meinung frei sagen und schreiben dürfen.

Wichtig für jeden Bürger, aber vor allem für Journalisten, ist der freie Zugang zu Informationen. Sie müssen Archive nutzen dürfen und Politiker sollten ihnen Interviews geben. Ex-US-Präsident Donald Trump (2017–2021) hat sich mehrmals geweigert, Journalisten Interviews zu geben, wodurch diese keine Informationen vom Präsidenten erhalten haben. Er stempelte sie schlicht als Mitarbeiter der „Fake News" ab.

Achtung: Wenn ein Politiker sich weigert, ein Interview zu geben, solltest du ihn immer kritisch hinterfragen. In Deutschland kommt das allerdings selten vor – und wenn überhaupt, dann eher, wenn ein Politiker für eine Satiresendung interviewt werden soll.

Von 137 untersuchten Ländern sind nur noch **67** Demokratien, die Zahl der Autokratien steigt auf **70**.

Quelle: bertelsmann-stiftung.de, 2022

Erstmals seit 2004 gibt es weltweit wieder mehr autokratische als demokratische Staaten.

Populisten und Propagandisten und ihre Tricks

Sie reißen Zitate und Fakten aus dem Zusammenhang und nutzen sie so, wie es ihnen passt.

Sie machen Angst und drohen zum Beispiel damit, dass das Leben unbezahlbar wird.

Sie antworten nicht auf Fragen oder nur so, wie es ihnen passt.

Sie widerlegen Argumente nicht sachlich, sondern greifen ihre Gegner auf einer persönlichen Ebene an.

Sie sagen gezielt die Unwahrheit und führen so in die Irre.

Sie wiederholen Behauptungen unermüdlich und so lange, bis sie als Wahrheit akzeptiert werden.

Sie hinterfragen die Glaubwürdigkeit von Gegenargumenten.

Sie wissen immer, was das „Volk"/ die „Leute" denken, und sprechen auch für sie.

Sie stellen ihren Gegnern in einer Debatte extrem komplexe Fragen, die diese nicht mal eben schnell beantworten können.

Sie geben einfache Antworten auf schwierige Fragen. Ob ihre Ideen umsetzbar sind, interessiert sie dabei erst einmal nicht.

WAS IST KRIEGSPROPAGANDA?

„Mama sagt, dass sie keine Nachrichten mehr guckt, weil der Krieg in der Ukraine so brutal ist." Lio hört seiner Schwester zu und meint: „Vermutlich kannst du sowieso nichts glauben, was sie in den Nachrichten erzählen. Im Krieg stirbt die Wahrheit immer zuerst."

Was kann man in Kriegszeiten noch glauben?

Die Arbeit von Journalisten, die aus Kriegsgebieten berichten, ist schwierig. Zum einen ist sie gefährlich, zum anderen ist es nicht leicht, an verlässliche Informationen zu kommen. Deshalb müssen Journalisten gründlich recherchieren und immer beide Kriegsparteien befragen. Das Problem im Krieg ist, dass beide Parteien daran interessiert sind, den Gegner schlecht und sich selbst gut darzustellen. Seriöse Reporter sagen daher stets, wer ihre Quellen sind und ob die Gegenseite das Gesagte schon bestätigt hat.

Bis zum Irakkrieg (2003) konnten westliche Journalisten sich in der Regel noch auf eigenes Risiko frei im Kriegsgebiet bewegen. Heute haben wir es häufig mit *embedded journalism* (das heißt auf Deutsch so viel wie „eingebetteter Journalismus") zu tun. Der Journalist wird dabei Teil der militärischen Einheit, die ihn „beschützt" und gleichzeitig leitet. So erhält er Zugang zu Gebieten, in denen sonst keine Journalisten zugelassen sind. Das Ziel von *embedded journalism* ist es, eine tiefere Einsicht in die Truppen zu erhalten und dabei auch

> „Das wirkliche Schlachtfeld ist die Öffentlichkeit in unserem Land."
>
> *Ex-US-Verteidigungsminister Donald Rumsfeld (1975–1977, 2001–2006) zum Irakkrieg*

zu erfahren, wie es den Soldaten im Kampf ergeht. Häufig müssen Journalisten vor einem solchen Einsatz eine Art Bootcamp durchlaufen, in dem sie auf den Alltag in einer Militäreinheit vorbereitet werden.

Immer wichtiger werden in der Kriegsberichterstattung die sozialen Medien. Gerade seit dem Angriffskrieg Russlands gegen die Ukraine (seit 2022) sehen wir, wie TikTok, YouTube, Facebook, Rutube (russisches Videoportal) oder VK (russisches Facebook) für Propaganda und Fakes genutzt werden. Ab und an werden uns sogar Szenen aus Spielen oder anderen Kriegen als Aufnahmen aus dem aktuellen Krieg verkauft. Im Gegensatz zu Facebook oder YouTube werden überdies auf den russischen Plattformen wie Rutube und VK kaum Inhalte gelöscht. Auch Kommentare, die sowohl von wirklichen Usern als auch von **Bots** oder **Trollen** verfasst sein könnten, machen es schwer, den Wahrheitsgehalt einzuschätzen.

Bots sind Computerprogramme, die Aufgaben automatisiert abarbeiten. 2020 wurden von 200 Millionen Tweets zum Thema Corona 82 Prozent von Bots verfasst.

Trolle sind echte Menschen mit Fake-Accounts, die im Auftrag von Privatleuten und Regierungen Falschnachrichten verbreiten, provozieren und ganze Kampagnen lancieren. Ein Spezialfall sind jene Trolle, die einfach aus Spaß desinformieren.

Die Mehrheit der ukrainischen Internetnutzer informierte sich im Jahr 2022 auf Telegram.

Wie kann eine böse Lüge Kriege unterstützen?

Es gibt eine Lüge, die seit Jahrhunderten immer wieder dazu genutzt wird, Kriege zu legitimieren und Menschen zu töten. Die Rede ist von der angeblichen Weltverschwörung der Juden, die alle Macht an sich reißen wollen.

Im russischen Kaiserreich wurde 1903 gar die Schrift *Die Protokolle der Weisen von Zion* veröffentlicht, die von der ersten bis zur letzten Zeile frei erfunden ist. Sie wurde vom russischen Geheimdienst fabriziert. Dieses antisemitische Pamphlet wurde auf der Grundlage von verschiedenen erfundenen Texten erstellt. Es gilt als einflussreiche Programmschrift antisemitischen Verschwörungsdenkens. Angeblich werden in den *Protokollen* die Pläne jüdischer Weltverschwörer wiedergegeben.

Die Geheimnisse der Weisen von Zion

in deutscher Sprache herausgegeben

von

Gottfried zur Beek

In Deutschland wurde die Schrift im Januar 1920 unter dem Titel *Die Geheimnisse der Weisen Zion* vorgelegt.

Antisemitismus: Feindschaft gegenüber Menschen jüdischen Glaubens und dem Judentum

Selbst nachdem die Schrift 1921 von der Londoner Tageszeitung *The Times* als Lüge enttarnt worden war, wurde sie international weiterverbreitet und diente schließlich den Nationalsozialisten im Dritten Reich für ihre Propagandazwecke – und als Legitimation zur Ausrottung jüdischen Lebens in der Ukraine und in anderen im Zweiten Weltkrieg eroberten Ländern. Bis heute kursieren diese angeblichen Protokolle in einigen arabischen Ländern, um die Vorurteile und den Hass gegen Juden weiter anzustacheln.

Gibt es den gerechtfertigten Krieg?

„Der Krieg ist eine
bloße Fortsetzung der Politik
mit anderen Mitteln."

Dieser Satz des Militärtheoretikers Carl von Clausewitz (1780–1831) wurde bis ins 20. Jahrhundert hinein noch häufig als logisch angesehen.

Im Völkerrecht ist Krieg heute nur noch zur Selbstverteidigung erlaubt – oder wenn die Zustimmung des UN-Sicherheitsrates vorliegt.

Doch Länder wie die USA und Russland, die Krieg auch als Mittel zur Wahrung ihrer Interessen nutzen, unterlaufen diese Vereinbarung immer wieder. So marschierte Russland am 24. Februar 2022 in der Ukraine ein. Zuvor hatte Präsident Wladimir Putin der Ukraine das Existenzrecht abgesprochen. Außerdem behauptete er, die russischstämmige Bevölkerung in der Ukraine sei angegriffen worden.

Auch die US-Regierung täuschte ihre eigene Bevölkerung und die Weltgemeinschaft, um einen völkerrechtswidrigen Krieg gegen den irakischen Diktator Saddam Hussein vom Zaun zu brechen, der mit dessen Erhängung wegen Völkermordes 2006 endete.

Kriegsparteien versuchen immer wieder, ihren Angriff als gerecht darzustellen. Sie folgen dabei jeweils einem bestimmten Propagandaschema: **Wir müssen die Demokratie, die Freiheit oder das Vaterland verteidigen. Wir greifen nicht an, wir verteidigen uns oder unser Land, wir bringen etwas in Ordnung.** So absurd es klingt, häufig gelingt es den Propagandisten, die breite Mehrheit mit ihren wackeligen Argumenten zu überzeugen.

Gibt es Regeln für die Kriegspropaganda?

Jeder Krieg ist anders, trotzdem läuft die Propaganda häufig nach einem ähnlichen Drehbuch ab. Was sind die Regeln für solch ein Drehbuch?

Die vielleicht wichtigste Propagandaregel für die Regierung der angreifenden Partei ist, dass sie sich ein moralisches Deckmäntelchen überzieht. Selbst der schlimmste Unterdrücker gibt seinen Egoismus nicht zu, sondern bereitet die Bürger moralisch auf den notwendigen oder gerechtfertigten Krieg vor. Dazu wird die Presse im Land gleichgeschaltet und jede Opposition unterdrückt. Kurz: Wer nicht für uns ist, ist gegen uns!

> **Regel:** Der Gegner wird als angriffslustig, bedrohlich, übergriffig und undemokratisch dargestellt. Zudem wird im Vorfeld versucht, die Gegner – falls es mehrere gibt – zu spalten.

Unter der Regierung Wladimir Putins versuchen russische Trolle seit 2004, durch Desinformation die Gesellschaften im Westen zu destabilisieren.

> **Regel:** Der Gegner hat den Krieg begonnen oder zwingt uns zum Kriegsbeginn. Wir müssen uns verteidigen.

Am 31. August 1939 überfiel ein Trupp Bewaffneter den deutschen Radiosender Gleiwitz nahe der polnischen Grenze. Über den Sender wurde verkündet: „Achtung, Achtung! Hier ist Gleiwitz. Der Sender befindet sich in polnischer Hand. ... Hoch lebe Polen." Wer das hörte, glaubte, polnische Bewaffnete seien in den deutschen Sender eingedrungen. Dabei waren es in Wahrheit deutsche SS-Leute. Diese und andere fingierte Aktionen dienten als Vorwand für den Überfall auf Polen, den Beginn des Zweiten Weltkriegs.

Regel: Die Führung des Gegners ist der Teufel in Menschengestalt.

Ein beliebtes Propagandamittel ist es, den Gegner mit Hitler oder den Nationalsozialisten zu vergleichen. Das tut zum Beispiel die russische Regierung mit der ukrainischen. Und seit klar ist, dass die deutsche Regierung auf der Seite der Ukraine steht, wird Bundeskanzler Olaf Scholz beharrlich ein SS-Großvater angedichtet.

Regel: Die eigene Erzählung (Narrativ) wird unermüdlich verteidigt.

Die USA treten in Kriegen oft als Befreier auf. Geht es nach einem in den USA weitverbreiteten Narrativ, so hat jeder Mensch das Recht darauf, frei zu leben und sein Glück zu finden. Deshalb soll die Demokratie in der Welt verbreitet und bewahrt werden.

Regel: Der Gegner unterdrückt Presse- und Meinungsfreiheit.

Der jeweils anderen Seite wird nachgesagt, die Presse zu unterdrücken.

Regel: Der Feind ist herzlos.

Die gegnerische Regierung nutzt das eigene Volk als Schutzschild, begeht Kriegsverbrechen und setzt verbotene Waffen ein.

Regel: Der Gegner entehrt unsere tapferen Kämpfer.

Im Fernsehen wird gezeigt, wie der Gegner Kriegsgefangene zur Schau stellt und Geständnisse erzwingt, um die Behauptung zu unterstützen.

Regel: Wir haben das Volk hinter uns.

Der Rückhalt in der Bevölkerung für den Krieg ist groß, weil die Regierung angeblich mit offenen Karten spielt. Wer das Gegenteil sagt, der lügt.

Der Kriegspropagandist: Seine Waffe ist das Wort!

Er schürt Vorurteile.

____

Er möchte, dass Journalisten seine Ideen verbreiten.

____

Er stellt die eigenen Soldaten als Helden dar.

____

Er verteufelt seinen Gegner und vergleicht ihn häufig mit den Nationalsozialisten.

____

Er stellt sich als guten Anführer dar und lässt sich dafür feiern.

____

Er ist Patriot und liebt seine Heimat.

____

Er arbeitet mit einfachen Slogans, die man sich leicht merken kann.

____

Er empfindet seinen Krieg als gerecht.

Er behauptet, dass der Gegner Kriegsverbrechen begeht und nicht erlaubte Waffen benutzt.

____

Er spannt die Kultur für seine Zwecke ein.

____

Er findet immer einen Sündenbock für seine Fehler.

____

Er arbeitet mit Symbolen wie Hakenkreuzen, Wolfsangeln, dem Buchstaben „Z" oder Hammer und Sichel.

____

Er behauptet, dass seine Seite nur dann verlieren kann, wenn der Gegner unfaire Mittel anwendet.

____

Er schaltet seine Gegner systematisch aus.

____

Er gibt vor, alles zu tun, um sein Volk zu schützen.

SONDERFALL: WIE FUNKTIONIERT PROPAGANDA IN CHINA?

In China geht politische Propaganda Hand in Hand mit der Digitalisierung. Während den Techkonzernen der westlichen Welt häufig vorgeworfen wird, sie würden unsere Daten nutzen, um uns zum Konsum zu animieren, wird der chinesischen Regierung vorgeworfen, sie nutze die Digitalisierung zur Überwachung ihrer Bürger und für die politische Propaganda.

Was ist die zentrale Aufgabe des chinesischen Staates?

In der Verfassung der Volksrepublik China ist ein sozialistisches Wirtschafts- und Staatssystem festgeschrieben. Der Generalsekretär der Kommunistischen Partei Xi Jinping gilt als „Überragender Führer". Zentrale Aufgabe des chinesischen Staates ist die „Schutzfunktion". Der „tugendhafte Politiker" sorgt sich nach dem Verständnis der „Diktatur des Volkes" um das Wohl der Gemeinschaft.

Xi Jinping ist seit 2013 Staatspräsident der Volksrepublik China.

Kurz nach seinem Amtsantritt erließ Xi Jinping das Dokument Nummer 9. In diesem internen Strategiepapier wird vor westlichen Werten wie der freiheitlichen Demokratie, universellen Menschenrechten, der Gewaltenteilung und der Pressefreiheit und vor deren Verbreitung gewarnt.

In China wird jeder Schritt im Netz, jedes Telefonat, jeder Eintrag auf sozialen Netzwerken überwacht. Es gibt keine Privatsphäre, so wie wir sie kennen. Sie würde nicht in die Ideologie passen. Die Überwachung zieht sich durch alle Bereiche des Lebens und macht auch vor Klassenzimmern nicht halt, in denen Kameras installiert werden. Eine freie Presse existiert nicht, sie wird staatlich kontrolliert.

KEIN GOOGLE, YOUTUBE, INSTA & CO.

In China sind über 10.000 Websites gesperrt – dazu gehören auch die Plattformen von YouTube, Instagram und Facebook, sogar die Suchmaschine Google und den Messenger WhatsApp gibt es nicht. Sobald du in China landest, sind diese Dienste auch für dich tabu!

VPN-Dienste sind ebenfalls verboten! Chinesen, die einen solchen nutzen, machen sich strafbar. Und auch als Ausländer sollte man sich vor der Nutzung eines VPN-Dienstes in China sorgfältig informieren.

Aber natürlich nutzen auch die Menschen in China Social Media und Messenger. Nur eben andere, staatlich kontrollierte. Dabei geht es den Usern nicht um Datensicherheit, sondern um Usability – das Leben soll erleichtert werden. Statt Google gibt es Baidu, YouTube ist Youku, das chinesische WhatsApp ist WeChat – eine All-in-one-App, die neben dem Messenger auch ähnliche Funktionen wie Facebook und Instagram bietet und mit der du gleichzeitig bezahlen kannst. Weibo ähnelt Twitter und dann gibt es noch Douyin/TikTok.

Das Problem: Kritik an China findest du auf diesen Plattformen nicht. Gibst du beispielsweise bei Google „Tian'anmen" ein – das ist ein Platz in Peking, auf dem im Juni 1989 Proteste der chinesischen Bevölkerung gewaltsam niedergeschlagen wurden –, so findest du sofort Informationen über das Massaker. Gibst du „Tian'anmen" auf Baidu ein, werden dagegen touristische Ansichten angezeigt.

Wie wird die chinesische Bevölkerung kontrolliert?

Im Netz ist die Überwachung kein Problem, aber wie sieht das im Alltag auf der Straße und in den Parks aus? Dafür gibt es schon heute mehr als eine halbe Milliarde Kameras in China, die die Bevölkerung permanent filmen. Ohne dass dein Gesicht gescannt wird, kommst du zum Beispiel nicht in die U-Bahn und bekommst in städtischen Toiletten auch kein Klopapier.

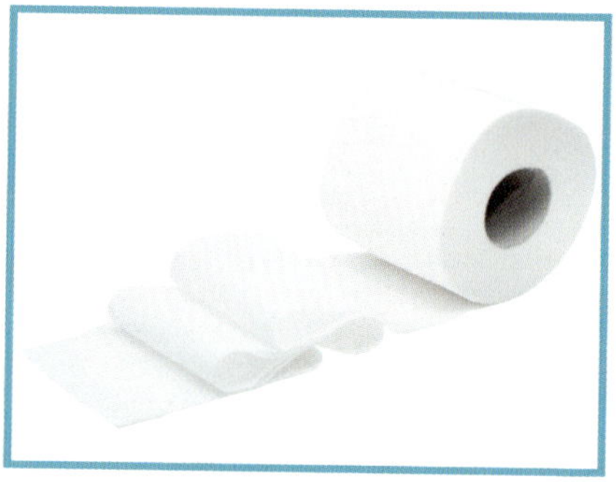

Um Diebstahl zu verhindern, spuckt ein Automat in Peking pro Benutzer nur sechzig Zentimeter (etwa drei Blatt) Klopapier aus.

All das hängt mit einem Sozialpunktesystem zusammen, das sich noch im Aufbau befindet. In diesem System hat jeder Bürger 1.000 Punkte auf seinem Konto. Für ein aus Sicht der Regierung wünschenswertes Verhalten werden Punkte gutgeschrieben, für negatives Verhalten werden sie entzogen. Wenn man zum Beispiel bei Rot über die Ampel geht, bekommt man Punkte abgezogen, wer sich im Job hervortut, dem werden Punkte gutgeschrieben. Die Berechnung des Punktestands übernimmt eine KI, dazu werden außer den Kameras weitere Quellen herangezogen. Je nach Punktzahl erhält man Belohnungen oder Bestrafungen.

Mit diesem System will die chinesische Regierung die Wirtschaft lenken und die Gesellschaft kontrollieren.

Videoüberwachung und KI werden in China auch für das sogenannte Racial Profiling genutzt. Gesichtserkennungssysteme in verschiedenen chinesischen Städten sind darauf ausgerichtet, Mitglieder der verfolgten Minderheit der Uiguren zu erkennen und zu tracken. Dafür hatte die Regierung vorab die biometrischen Daten aller Uiguren zwischen zwölf und 65 Jahren erfassen lassen.

Wie versucht die chinesische Propaganda, ein positives Bild zu vermitteln?

Wichtig für die chinesische Propaganda vom tatkräftigen und erfolgreichen Land mit dem großen Führer ist auch die Außenwirkung. Deshalb gibt es nicht nur chinesische Influencer, die China im Inland loben und die Generation Z (1997–2012 geboren) mit unterhaltsamem Content ruhig halten, sondern China versucht auch, Influencer aus der ganzen Welt für seine Zwecke zu gewinnen.

MrWissen2go sagte „Nein!" zu einem Video, für das er vom chinesischen Staatsfernsehen bezahlt werden sollte.

Der deutsche YouTuber MrWissen2go, Mirko Drotschmann, erhielt beispielsweise über eine angeblich französische Agentur eine Anfrage für ein Video, in dem die chinesische Kultur in Europa vermittelt werden sollte. Er hakte nach, wer dieses Video finanzieren würde, und fand heraus, dass das chinesische Staatsfernsehen CCTV, Sprachorgan der chinesischen Regierung, dahinterstand. Deshalb lehnte Mirko Drotschmann den Auftrag ab!

Warum aber finanziert China Beiträge von ausländischen Influencern? Die Antwort: Um im Ausland ein positives Bild von China zu verbreiten. Die chinesische Propaganda benutzt also ausländische Influencer für ihre Zwecke. Drotschmann ist ein seriöser und kritischer YouTuber. Aber es gibt auch andere, die das Spiel mitspielen. Und je mehr solcher Videos im Netz kursieren, desto mehr Menschen werden auch in westlichen Ländern Ziel von chinesischen Desinformationskampagnen.

Auch für Propaganda in anderen westlichen Medien, wie Zeitungen oder Büchern, zahlt die chiniesische Regierung – so etwa für Beilagen oder Anzeigen in Zeitungen und Ausstellungen in Buchhandlungen.

Wie geht totale Kontrolle in der Schule?

Die Propaganda in China hat eine zentrale Botschaft: Der „Chinesische Traum" – wieder eine wirkliche Weltmacht zu sein – muss bis zum 100. Geburtstag der Volksrepublik im Jahr 2049 erfüllt werden. In China fühlen sich noch viele Menschen von Europa gekränkt. Grund dafür ist unter anderem der Opiumkrieg (1840–1842), der zum Verlust von Hongkong an England führte. Die Demütigungen sitzen tief im Volk und spornen an nach dem Motto: Wir zeigen es den anderen, wir werden die Besten sein!

Für die Erfüllung des „Chinesischen Traums" ist das Schulsystem von enormer Bedeutung.

Deshalb setzt die chinesische Regierung auch hier auf Digitalisierung und Kontrolle. Damit die Schüler überhaupt die Schule betreten dürfen, werden ihre Gesichter gescannt. Und im Schulgebäude sind sie durch Chips in der Kleidung ständig zu orten. Im Sportunterricht zählt kein Mensch, sondern eine KI mithilfe einer Kamera, wie oft ein Kind Seil springt oder wie schnell und sauber es in der Bahn läuft. Im Gegensatz zum Lehrer ist die KI angeblich unbestechlich und gibt den Schülern individuelle Tipps, wie sie sich besser ernähren können.

Und der Einsatz von KI in der Schule geht noch weiter: Mit Kameras werden die Schüler im Unterricht beobachtet, dabei wird auch erfasst, ob und wie oft jemand gähnt. Es gibt sogar schon Schulen, an denen Kinder im Unterricht EEG-Stirnbänder anlegen, die die Hirnströme messen, die dann wiederum von einer KI analysiert werden. Über drei Elektroden (zwei hinter den Ohren und eine auf der Stirn) erkennt die KI, ob der Schüler aufmerksam ist oder nicht.

Umgerechnet wurden Milliarden von Euro in dieses Projekt investiert.

Der Lehrer kann nun in Echtzeit auf seinem Tablet sehen, welcher Schüler wie aufmerksam ist – diese Informationen werden auch mit den Eltern und sogar dem zuständigen Ministerium geteilt. Ob die gesammelten Daten wirklich verlässlich Auskunft über die Konzentrationsfähigkeit liefern, ist fraglich. Sicher ist aber, dass der Glaube daran Eltern dazu bringt, ihre Kinder unter Druck zu setzen – wenn sie es nicht selbst schon tun.

Die digitale Überwachung von Schülerinnen und Schülern geht auch zu Hause weiter. Unter dem Deckmantel der Chancengleichheit überwacht eine App auf dem Smartphone der Eltern oder des Kindes, wann das Kind seine Hausaufgaben daheim macht. So kann überprüft werden, wer am Ende wirklich die Aufgaben erledigt hat.

Bislang sind diese Techniken in China meist noch in der Erprobungsstufe, aber die Digitalisierung und mit ihr die Möglichkeit zur Kontrolle von Schülerinnen und Schülern schreitet voran.

Diese Städte werden weltweit am stärksten überwacht

	Stadt	Land	Anzahl Kameras	Einwohnerzahl	Kameras pro 1.000 Einwohner
1	Taiyuan	China	465.255	3.891.127	119,57
2	Wuxi	China	300.000	3.256.020	92,14
3	London	Großbritannien	627.727	9.304.016	67,47
4	Changsha	China	260.000	4.577.723	56,80
5	Peking	China	1.150.000	20.462.610	56,20
	…				
29	Moskau	Russland	193.000	12.537.954	15,39
	…				
36	Sydney	Australien	60.000	4.925.987	12,18
	…				
50	Berlin	Deutschland	17.464	3.562.038	4,90
	…				
61	Mailand	Italien	8.304	3.140.181	2,64
62	Paris	Frankreich	26.834	11.017.230	2,44

Die meisten Überwachungskameras gibt es in chinesischen Städten, aber im weltweiten Vergleich liegt London auf Platz drei! *Quelle: Infografik WELT*

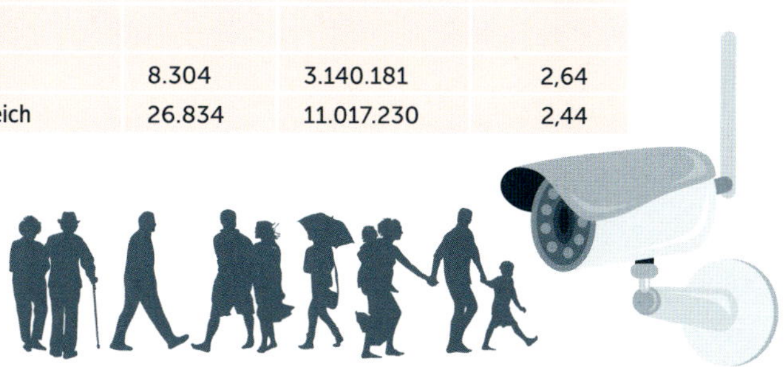

Staatliches Sozialpunktesystem in China

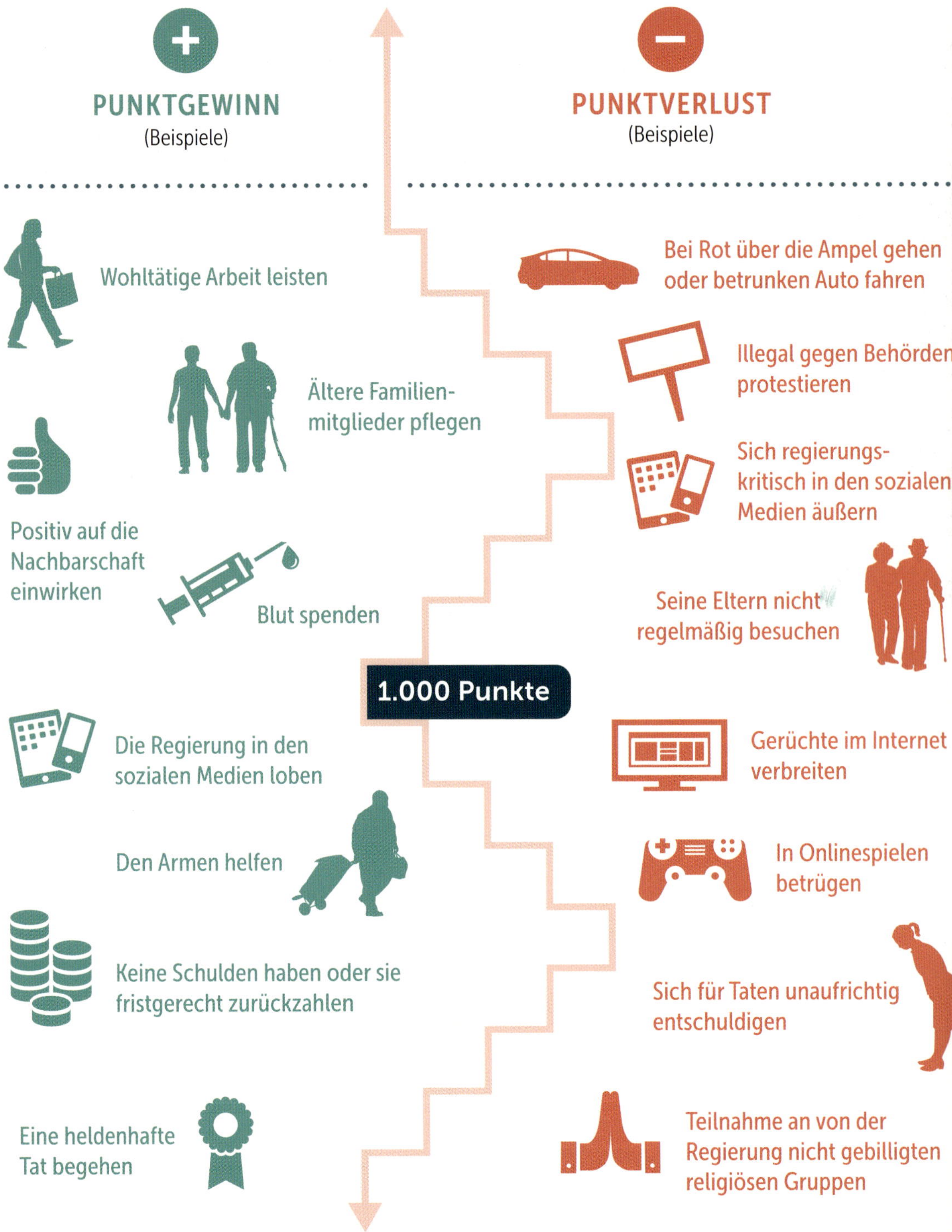

In der sozialistischen Volksrepublik China steht nicht der Einzelne im Mittelpunkt der Gesellschaft.

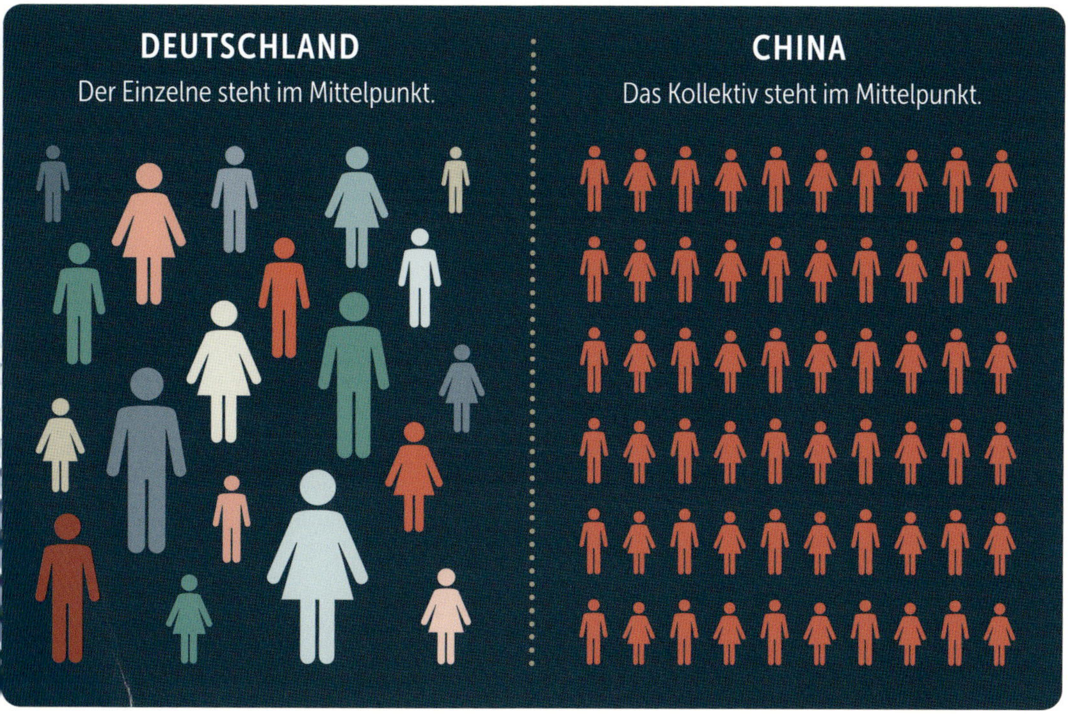

Quelle: www.faz.net; Democracy Perception Index 2021

WIE FINDET MAN INFORMATIONEN?

„Ich schreibe ein Referat über die ‚Letzte Generation'." Emily ist erstaunt. Sonst interessiert sich ihr Bruder doch gar nicht für Politik. „Sind das nicht die Leute, die sich an Straßen kleben und sich einbetonieren, damit endlich etwas für den Umweltschutz getan wird?" „Glaub schon", sagt Lio. „Hast du eine Idee, wo ich Infos über sie bekomme?"

Welche Quellen gibt es?

Bücher, Zeitungen, Dokumentationen

Es gab noch nie so viele Möglichkeiten, sich zu informieren. Jedes Medium hat seine Vorteile. Wenn du tiefgehende Informationen haben möchtest, dann schau doch mal in ein Sachbuch. Auch Zeitungen sind gute Informationsquellen. Darin findest du Artikel aus unterschiedlichen Rubriken (zum Beispiel Politik, Wirtschaft, Feuilleton, Sport, Lokales).

Internet, Wikipedia

Eines ist klar: Lio schreibt keine Arbeit an der Uni und ist auch kein Wissenschaftler. Trotzdem sollte er bei der Vorbereitung seines Referats sorgfältig sein. Um einen ersten Eindruck von seinem Thema zu bekommen, gibt er „Letzte Generation" in seine Suchmaschine ein und findet dort – da es ein aktuelles Thema ist – aktuelle Informationen über die Aktivisten. Dann liest er den Wikipedia-Artikel über die „Letzte Generation".

TIPP: Um einen Wikipedia- oder anderen Artikel aus dem Internet sorgfältig durcharbeiten zu können, kann es hilfreich sein, ihn sich auszudrucken und wichtige Textpassagen zu markieren.

Wikipedia bietet verschiedene Möglichkeiten, sich zum gewählten Thema weiter zu informieren: Im Text verweisen kleine Zahlen auf die Dokumente, die der Verfasser des Artikels als Informationsquelle genutzt hat. Wichtig sind auch die weiterführenden Weblinks unter dem Text. Häufig sind das Links zu offiziellen Websites, Zeitungsartikeln oder anderen nützlichen Quellen.

Wenn du eine Seite im Netz aufrufst, wirst du gefragt, ob du die Einstellungen zulassen möchtest. Dabei geht es um Cookies, die Informationen speichern. Der Vorteil: Deine Einstellungen auf einer Seite werden gespeichert. Der Nachteil: Deine Daten sind auf dem Server des Betreibers der Seite gespeichert. Das heißt: Er weiß eine Menge über dich – und kann diese Infos meistbietend verkaufen.

Bibliothek

In Bibliotheken arbeiten Bibliothekare und Bibliothekarinnen. Sie sind Fachleute in Sachen Recherche und kennen viele nützliche Tipps.

Primär- und Sekundärliteratur

Geschriebene Texte werden in Primär- und Sekundärliteratur unterteilt. Unter Primärliteratur verstehen wir ein geschriebenes Werk, das als Ausgangspunkt oder Gegenstand einer wissenschaftlichen Untersuchung dient. Je nach Wissenschaftsgebiet können das unterschiedliche Arten von Texten sein. In der Literaturwissenschaft gelten epische, dramatische und lyrische Werke als Primärliteratur, in der Rechtswissenschaft dagegen Gesetzestexte und in der Religionswissenschaft heilige Schriften wie die Bibel oder der Koran.
Als Sekundärliteratur wird Fach- und Sachliteratur bezeichnet, die sich mit Primärliteratur beschäftigt. Da Sekundärliteratur immer analysiert und interpretiert, ist es wichtig, sich nicht nur auf sie zu verlassen, sondern immer auch einen Blick in die Primärliteratur zu werfen.
Wichtig: Texte, die ursprünglich als Sekundärliteratur gedacht waren, können im Lauf der Zeit zu Primärliteratur werden.

Wo gibt es seriöse Informationen?

Eine gute Möglichkeit, an seriöse Informationen zu gelangen, sind die Onlineauftritte von öffentlich-rechtlichen Sendern (ARD, ZDF sowie die Dritten Programme wie NDR oder WDR), aber auch von Zeitungen und Nachrichtenmagazinen (*Süddeutsche Zeitung* (SZ), *Frankfurter Allgemeine Zeitung* (FAZ), *Frankfurter Rundschau* (FR), *DIE ZEIT, Der Spiegel, Die Welt* und viele andere mehr). Keine dieser Quellen ist vollständig neutral, aber in den Redaktionen arbeiten ausgebildete Journalisten.

Übrigens: Eine gute Quelle sind auch die Artikel der Bundeszentrale für politische Bildung (bpb).

Auch YouTube kann eine tolle Quelle für Recherchen sein. Seriöse Sender wie etwa ARD, ZDF oder Arte haben eigene YouTube-Kanäle, aber auch Zeitungen wie *Die Welt* oder *Der Spiegel*.

Und auch die Videos von einigen YouTubern sind sorgfältig recherchiert und können dir bei Referaten helfen.

Top-YouTuber für die Schule

„LeFloid" bringt dich nachrichtentechnisch auf den neuesten Stand.

„Lehrerschmidt" hilft dir in Mathe, Physik und Deutsch.

„maiLab": Mai Thi Nguyen-Kim beschäftigt sich mit natur- und gesellschaftswissenschaftlichen Themen.

„MrWissen2go" ist zuständig für aktuelle und gesellschaftliche Themen. Einmal pro Woche gibt er dir als „MrWissen2go Geschichte" auch ein Update in Geschichte.

„Sommers Weltliteratur to go": Hier werden Werke der Weltliteratur kurz und knackig mit Playmobilfiguren zusammengefasst.

Ständig prasselt eine Vielzahl an Informationen auf uns ein. Gerade das Internet bietet Infos in Hülle und Fülle. Deshalb haben wir uns das Häppchenlesen angewöhnt. Dabei scannen wir einen Text nur grob. Um sich gut in ein Thema einzuarbeiten, ist es aber wichtig, dass du Artikel nicht nur kurz anliest, sondern auch einige von ihnen aufmerksam durcharbeitest.

Überfliege Artikel nicht nur, sondern versuche, in die Tiefe zu gehen.

Außerdem solltest du darauf achten, dass du dich im Laufe der Recherche nicht verrennst, sondern dir immer bewusst machen, warum du eine Seite aufrufst. Wildes Rumklicken kostet nur Zeit und zerstreut. Wenn du genug Informationen zu deinem Thema gefunden hast, solltest du einen Schlussstrich ziehen, dich noch einmal richtig konzentrieren und einen roten Faden für dein Referat suchen. Überlege dir dafür, was du sagen willst und wie du deinen Mitschülern dein Wissen vermitteln kannst.

TIPP: Grafiken oder Bilder können dabei helfen, Informationen zu veranschaulichen, und lockern dein Referat darüber hinaus auch auf.

Was ist Wikipedia?

Wikipedia ist eine Enzyklopädie, in der Wissen aus vielen verschiedenen Bereichen systematisch dargestellt wird. Sie wurde als gemeinnütziges Projekt zur Erstellung einer frei zugänglichen Internet-Enzyklopädie am 15. Januar 2001 gegründet und finanziert sich ausschließlich durch Spenden. In der allgemeinen Wahrnehmung hat Wikipedia große Vorgänger-Enzyklopädien wie den *Brockhaus* oder die *Encyclopaedia Britannica* in ihrer Bedeutung abgelöst.

Wikipedia ist ein Schachtelwort, das sich aus den Bestandteilen „Wiki" und „Encyclopedia" zusammensetzt. Der Begriff *Wiki* geht auf das hawaiische Wort für „schnell" zurück. Das Wikipedia-Logo besteht aus einer nicht abgeschlossenen Kugel aus Puzzleteilen, auf denen Glyphen (Schriftzeichen) aus verschiedenen Schriftsystemen abgebildet sind.

Heute gilt Wikipedia als Massenmedium. In Deutschland ist sie die siebtmeist-, in Österreich die sechsmeist- und in der Schweiz die viertmeistbesuchte Website.

Wikipedia umfasst fast sechzig Millionen Artikel in etwa 300 Sprachen, rund drei Millionen davon auf Deutsch.

Die Inhalte von Wikipedia werden von Freiwilligen erstellt und gepflegt. Falls du mitmachen möchtest, kannst du dich bei Wikipedia anmelden und danach bestehende Artikel bearbeiten oder neue Artikel verfassen. Dafür braucht man keine bestimmte Ausbildung und auch kein Studium. Beachte aber bitte die Grundsätze von Wikipedia:

1. Wikipedia ist eine Enzyklopädie.
2. Beiträge sind so zu verfassen, dass sie dem Grundsatz des *neutralen Standpunkts* entsprechen.
3. Inhalte sind frei, sie müssen unter einer freien Lizenz stehen.
4. Andere Benutzer sind zu respektieren und die *Wikiquette* einzuhalten (eine Ableitung von dem Schachtelwort „Netiquette", das wiederum auf das englische *net* und das französische *étiquette* für Benimmregeln zurückgeht).

Da jeder auf Wikipedia Inhalte anbieten und ändern kann, ist die Enzyklopädie streng genommen ein soziales Netzwerk wie Facebook oder TikTok.

Das klingt erst einmal wunderbar. Viele Lehrer und Lehrerinnen mögen es aber trotzdem nicht, wenn du aus Wikipedia zitierst. Warum? Da jeder Einträge verfassen kann, gibt es Fehler: zum Beispiel, wenn jemand falsch zitiert oder ein Eintrag nicht ausgewogen ist. Wikipedia versucht, das zu vermeiden, und die Autoren kontrollieren sich gegenseitig. Trotzdem ist es ratsam, sich immer die Fußnoten in Wikipedia-Artikeln anzuschauen. Dort findest du Quellen, die der Autor verwendet hat und die du – nach einer Überprüfung – zitieren kannst.

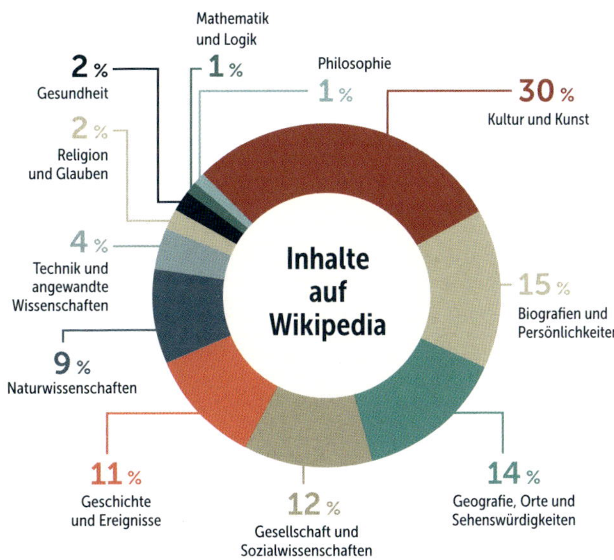

Bei Wikipedia findest du Artikel aus ganz unterschiedlichen Themenbereichen.

Wie bewertet man Quellen im Internet?

Was aber, wenn du zu einem Thema recherchierst, zu dem du in den üblichen seriösen Quellen nur wenige Infos findest? Hier kommen ein paar Tipps, wie du schwarze Schafe, Faker und Verdreher enttarnen kannst:

Frage dich: Wer ist der Urheber des Textes?

Oft steht der Name des Autors über oder unter dem Text. Dann kannst du ihn kurz googeln. Ist er schon als Verfasser fragwürdiger Artikel bekannt? Findest du Gründe, ihm nicht zu vertrauen?

Dann klicke den Artikel weg!

Frage dich: Gibt es ein Impressum? Wer ist für die Website verantwortlich?

Checke gegebenenfalls den Namen.

Gibt es kein Impressum, dann klicke die Seite weg!

Frage dich: Ist das Impressum nur ein „About"? (Das heißt, im Impressum stehen nur Vornamen und Pseudonyme.)

Falls ja, dann klicke die Seite weg!

Frage dich: Werden Sachinformationen mit Werbung vermischt?

Falls ja, dann klicke die Seite weg!

Frage dich: Sind die Zitate glaubwürdig?

Falls nicht, dann klicke die Seite weg!

Frage dich: Wird in dem Artikel Werbung gemacht?

Falls ja, dann klicke ihn weg!

Frage dich: Woher stammt das Foto oder das Video?

Nutze die Rückwärtssuche der Google-Bildersuche.

Frage dich: Poppt auf der Seite häufig Werbung auf?

Falls ja, dann klicke die Seite weg!

Frage dich: Gibt es viele Rechtschreibfehler?

Falls ja, dann klicke die Seite weg!

Frage dich: Wer hat die Studie/Umfrage in Auftrag gegeben? Handelt es sich um einen dubiosen Auftraggeber?

Falls ja, dann klicke sie weg!

Frage dich: Was will der Autor? Spricht er in einem aggressiven und provozierenden Ton?

Falls ja, dann klicke den Artikel weg!

Frage dich: Führen Links auf der Seite zu Werbeseiten?

Falls ja, dann klicke den Artikel weg!

Frage dich: Ist die Seite noch aktuell? Sind die Statistiken und Umfragen aktuell?

Falls nein, dann klicke sie weg! (Außer natürlich, du suchst nach älteren Umfragen/Statistiken.)

Frage dich: Macht die Seite oder der Artikel einen seriösen und professionellen Eindruck?

Falls ja, dann bleibe dran!

Generell gilt: In vielen Fällen musst du dich auch auf deine Intuition verlassen können. Übung macht hier den Meister oder die Meisterin!

Seriöse Quellen

Folgende Quellen halten immer seriöse Nachrichten für dich bereit:

phoenix

ARD

ZDF

DIE ZEIT

ORF

Süddeutsche Zeitung

DER SPIEGEL

DIE WELT

SRF

Frankfurter Allgemeine

Klicktipps: Hier gibt's seriöse Informationen

Fernsehen

www.ard.de
Mediathek von ARD und den Dritten Programmen

www.zdf.de
ZDF-Mediathek

www.phoenix.de
Mediathek von Phoenix. Phoenix ist ein Spartensender, der von ARD und ZDF gemeinsam betrieben wird und auf dem hauptsächlich Nachrichtensendungen, Dokumentationen und Reportagen ausgestrahlt werden.

www.arte.de
Mediathek von Arte. Arte ist ein öffentlich-rechtlicher Fernsehsender, der in deutsch-französischer Kooperation betrieben wird.

www.orf.at
Mediathek des Österreichischen Rundfunks (ORF)

www.srf.ch
Website des Schweizer Radio und Fernsehen (SRF)

Zeitungen und Zeitschriften

www.sz.de
Die Süddeutsche Zeitung (SZ) ist eine überregionale Tageszeitung.

www.faz.de
Die Frankfurter Allgemeine Zeitung (FAZ) ist eine überregionale Tageszeitung. Ergänzend erscheint außerdem die Frankfurter Allgemeine Sonntagszeitung.

www.welt.de
Die Welt ist eine überregionale Tageszeitung. Zusätzlich erscheint sonntags die Welt am Sonntag.

www.zeit.de
Die Zeit ist eine überregionale Wochenzeitung.

www.spiegel.de
Der Spiegel ist ein deutsches Nachrichtenmagazin. Unter dem gleichen Namen gibt es auch eine Nachrichtenwebsite.

www.stern.de
Der Stern ist ein Wochenmagazin und erscheint jeden Donnerstag.

Allgemein

www.bpb.de
Die Bundeszentrale für politische Bildung (bpb) unterstützt Bürgerinnen und Bürger dabei, sich mit Politik zu beschäftigen. Zu ihren Aufgaben gehört es, das Verständnis für politische Sachverhalte zu fördern, das demokratische Bewusstsein zu festigen und die Bereitschaft zur politischen Mitarbeit zu stärken.

Faktenchecker

www.tagesschau.de/faktenfinder
Faktencheck der ARD

www.br.de/nachrichten/faktenfuchs-faktencheck
Faktencheck des Bayrischen Rundfunks (BR)

www.dpa-factchecking.com
Faktencheck der Deutschen Presse-Agentur (dpa). Bietet Faktenchecks für Deutschland, Österreich, die Schweiz, Luxemburg, Belgien und die Niederlande.

www.mimikama.at
Faktencheck des österreichischen Vereins Mimikama

www.correctiv.org
CORRECTIV steht für investigativen Journalismus und hat zum Beispiel den CumEx-Steuerskandal oder die AfD-Spendenaffäre aufgedeckt.

www1.wdr.de/nachrichten/wdrforyou/index.html
WDRforyou sendet bei wichtigen Ereignissen Pushmitteilungen auf Deutsch, Persisch oder Arabisch.

www.dergoldenealuhut.de
Die gemeinnützige Organisation „Der goldene Aluhut" klärt mit viel Humor über Verschwörungstheorien auf und bietet auch Workshops für Schulen und Universitäten an.

www.zivile-helden.de
Hier klärt die Polizei unter anderem über Fake News und Verschwörungsmythen auf. Außerdem gibt es Tipps zum Thema Zivilcourage.

Stichwortverzeichnis

Bildnachweis

Alle Fotos von shutterstock.com:

Seite 9: 1226303311 © hanohiki, Seite 11: 590007554 © Thomas Holt, Seite 19: 1833446896 © Postmodern Studio, Seite 28: 174636971 © Thinglass, Seite 29: 613113737 © Chepko Danil Vitalevich, Seite 32: 2031053153 © Raw-pixel.com, Seite 37: 1634213134 © phol_66, Seite 39: 1828929995 © Alona Siniehina, Seite 53, oben: 1736795087 © Willrow Hood, Seite 53, unten: 1417780760 © Boris Medvedev, Seite 63: 730156246 © sibsky2016, Seite 72: 2136419719 © naratrip, Seite 78: 1951972867 © Ana Belen Garcia Sanchez, Seite 83, oben: 1095464813 © Antonello Marangi, Seite 83, unten: 1858231375 © Hannari_eli, Seite 114: 353116925 © Joseph Sohm, Seite 115: 1161906805 © Jacob Lund, Seite 125: 1107065741 © Sharaf Maksumov, Seite 152: 2175684997 © Shag 7799, Seite 154: 117408634 © Natalia Dobryanskaya

Alle Fotos von www.picture-alliance.com:

Seite 38: 83199781 © BREUEL-BILD | BREUEL-BILD/Jason Harrell, Seite 43: 89236325 © Friso Gentsch/dpa | Friso Gentsch, Seite 49: 54061757 © akg-images | akg-images, Seite 52: 5061430 © dpa | dpa-Film Columbia, Seite 65: 102836905 © REUTERS | WOLFGANG RATTAY, Seite 68: 105544202 © SvenSimon | Malte Ossowski/SVEN SIMON, Seite 69: 211353751 © dpa/MAXPPP | Aurelie Ladet, Seite 105: 269905222 © AA | TOGG/Handout, Seite 146: 95630794 © ullstein bild | Archiv Gerstenberg, Seite 155: 214511567 © dpa | Arne Immanuel Bänsch, Seite 164: 224430736 © Eibner-Pressefoto | Fleig / Eibner-Pressefoto

Seite 18: © Jevgenia Theisen

Sollten trotz intensiver Nachforschungen des Verlags Rechtsinhaber nicht ermittelt worden sein, so bitten wir diese, sich mit dem Verlag in Verbindung zu setzen.

Das will ich lesen!

ISBN 978-3-7432-1014-1

Wie funktioniert eigentlich eine Demokratie? Was machen Abgeordnete? Welche Rechte haben Kinder und Jugendliche? Was ist die „vierte Gewalt"? Wozu brauchen wir Gesetze? Und wie kann ich mich für die Gesellschaft einsetzen?

Dieses Buch bietet einen umfassenden Einblick in die spannende Welt unserer Demokratie. In kurzen Kapiteln werden grundlegende Fragen zu politischen Abläufen und Kinderrechten beantwortet und komplexe Sachverhalte einfach erklärt. So klappt es mit dem Durchblick – garantiert!

Loewe
Das will ich lesen!

Das will ich lesen!

ISBN 978-3-7432-1015-8

Was sind eigentlich Medien? Was machen Influencer? Wo lauern im Internet Gefahren? Was hat es mit Verschwörungstheorien auf sich? Wie funktionieren Datenschutz und Urheberrecht? Und wie kann ich mich vor Cybermobbing schützen?

Dieses Buch bietet einen umfassenden Einblick in die vielfältige Welt der Medien. In kurzen Kapiteln werden grundlegende Fragen der Medienkompetenz beantwortet und komplexe Sachverhalte einfach erklärt. So klappt es mit dem Durchblick – garantiert!

Loewe
Das will ich lesen!